TURING 图灵新知

[日]佐藤智——著

吕艳——译

怎样说，孩子才会主动学

人民邮电出版社

北京

图书在版编目 (CIP) 数据

怎样说,孩子才会主动学 / (日) 佐藤智著; 吕艳
译. -- 北京: 人民邮电出版社, 2024.5
(图灵新知)
ISBN 978-7-115-63916-5

Ⅰ. ①怎… Ⅱ. ①佐… ②吕… Ⅲ. ①小学生—学习
方法—普及读物 Ⅳ. ①G622.46-49

中国国家版本馆 CIP 数据核字(2024)第 050494 号

内 容 提 要

"孩子在学校的学习效果总是不好""厌倦了每天逼孩子写作业""面临初中的课业压力,孩子却提不起学习兴趣"……这些是很多家长都会遇到的难题。本书旨在帮助家长解决这些难题,给家长一个科学的教养观。从调动孩子的学习兴趣,到各科目高效学习指导方案,本书全面地为"小升初"阶段的学生家长提供了一套可供参考借鉴的方法论,探讨了家长该如何在家培养孩子主动学习、养成可持续的学习习惯。

版 权 声 明

◆ 著　　　　 [日] 佐藤智
　 译　　　　 吕　艳
　 责任编辑　 魏勇俊
　 责任印制　 胡　南
◆ 人民邮电出版社出版发行　　　北京市丰台区成寿寺路 11 号
　 邮编　100164　　电子邮件　315@ptpress.com.cn
　 网址　https://www.ptpress.com.cn
　 涿州市京南印刷厂印刷
◆ 开本:787×1092　1/32
　 印张:8.75　　　　　　　　　　2024 年 5 月第 1 版
　 字数:119 千字　　　　　　　　2024 年 5 月河北第 1 次印刷
　 著作权合同登记号　图字:01-2023-5693 号

定价:59.80 元
读者服务热线 : (010)84084456-6009　印装质量热线 : (010)81055316
反盗版热线 : (010)81055315
广告经营许可证 : 京东市监广登字 20170147 号

"孩子现在是小学四年级，他根本不会学习，也没有动力。我该怎么办……"

这本书的策划始于编辑的这样一句话。育儿过程中，家长会面临许多障碍，并为此深感烦恼，特别是涉及"学习"时，更是焦虑感倍增。

- 孩子的成绩很差
- 厌倦了每次写作业都要催促
- 每次给孩子辅导作业时，都会发生矛盾
- 面临考试，孩子却提不起学习兴趣

既然已经拿起这本书，就说明你现在应该也面临着上述问题。

　　作为一名教育领域的作家，我一直是教育界的专业人士与家长之间沟通的桥梁。教育界的专业人士有很多话要说，我会非常努力地整合他们想要表达的内容，并将其传达给家长。

　　家长也有很多问题要咨询教育专家。

　　"我不知道该让孩子在小学阶段就上私立学校，还是先上公立小学，到时候再选择其他升学途径。"

　　"我想让孩子……专家有何建议？"

　　你是否每天都带着这些疑问艰难地走在育儿路上呢？

　　我也一直在想，自己该如何架起教师与家长之间沟通的桥梁。

　　如果学校教育和家庭教育能够更好并且有效地结合，那么许多孩子都将能按照他自己的节奏，以独特的方式成长。

　　身为教育领域的作家，站在家长和教育者的交界处，我从未放弃过思考。

　　所以，我特意前往小升初辅导机构 SAPIX 小学部采访，向家长传达一线教师的肺腑之言。

SAPIX 是日本的一家教育辅导机构，其小学部拥有大量成功考取麻布高等学校[①]、开成中学[②]和樱荫中学[③]等首都圈私立中学的案例。该机构的教学宗旨是全力支持学生备考，让 SAPIX 的学习经历成为孩子终生的财富。

SAPIX 的含义是：Science＝培养科学的眼光，Art＝磨炼敏感性和创造力，Philosophy＝培养思维能力，Identity＝重视个性，X＝挑战"未知"。

可能一些读者选择入手这本关于 SAPIX 的图书，是希望从中获取全面的小升初入学备战指南。

然而，本书内容并非关于如何通过小升初考试。

书中没有介绍语文阅读理解题的答题方法或高效解答数学题的技巧，也没有推荐中学的排名。

---

① 麻布高等学校（日语：麻布中学校·高等学校 / あざぶちゅうがっこう·こうとうがっこう，Azabu High School），是位于东京的私立男子中学。其为日本最知名的"男子三中学"之一。

② 开成中学，创立于 19 世纪末，是日本历史悠久的中学之一，日本顶级男子私立中学。

③ 樱荫中学，日本顶级女子私立中学，被认为是日本"第一难考"的女校。

这本书的核心内容旨在探讨学习的本质。

- 如何让孩子对学习感兴趣？
- 如何让孩子爱上学习？
- 让孩子具备终身学习的学习态度需要养成哪些习惯？

我与在 SAPIX 小学部工作多年的语文、数学、社会和科学学科的教育专家一起解答了这些疑问。

此外，我还将在本书中介绍在开篇时提到的家长在孩子学习方面所面临的一些基本问题的对策。

所以，对于"认为孩子不适合学习"或"还没有考虑小升初问题"的家长而言，这绝对是一本必读的好书。

作为一名教育领域的作家，我一直相信，拥有多种选择将给孩子的未来赋予更多的可能。

学会学习并享受学习可以让孩子有更多的选择。

如果真正做到了享受学习，那么"是否参加小升初入学考试"这一问题将不再重要。因为无论选择什么道路，只要能感受到学习的乐趣，孩子就可以充满兴致地在一片属于自己的天地中积极探索。乐趣才是孩子们学习的原动力。

想让孩子爱上学习，家长自身就要享受学习，还要对新世界充满喜悦和期待。因此，与其说是"为了孩子"而养成本书中所提及的各种良好习惯，不如说是为了亲子双方而将它们付诸实践。

根据本书内容开展实践后，并不会立竿见影，也许在一个月、两个月，或者一年后孩子才会逐渐"消化"这些方法，继而发生蜕变。更有甚者，可能要等到孩子长大成人后，家长才会真正庆幸自己曾经采用了本书中所介绍的方法。

育儿中最难的事情之一是耐心等待孩子的成长。

家长要相信孩子、多些耐心等待孩子。如果没有这个基本前提，再怎么将教育书籍中的内容付诸实践，也得不到理想的结果。

我将在这本书中介绍许多实用的方法，帮助孩子张开兴趣的翅膀。请家长结合这些方法，试一试"等待教育"。

本书第一章将介绍培养孩子学习兴趣的基本方法，第二章至第五章会依次阐述培养语文、数学、社会、科学学科兴趣的具体方法。最后的第六章是小升初时期的重要信息总结。

最后，虽然书中的所有内容都是培养孩子学习兴趣的有效方法，但是如果家长急于求成、过于贪心，以至于在育儿过程中时常眉头紧皱，这些方法也会产生相反的效果。

请放松一点，享受和孩子一起学习的乐趣。

不要为孩子的学习而自责。

关于如何丰富亲子时光，希望这本书能给你带来启发。

2023 年 2 月

佐藤智

目　录

SAPIX 式 > 家庭学习习惯

问卷调查

Q1

对于孩子提出的去某处、做某事等要求，你是否会尽量满足？

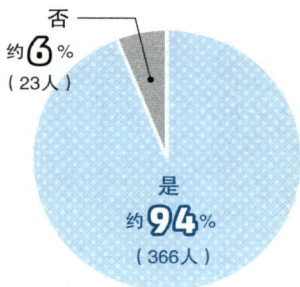

否
约 **6** %
（23人）

是
约 **94** %
（366人）

SAPIX 毕业生家长
"在家做什么"

我曾对SAPIX小学部毕业生的家长进行问卷调查，了解他们平时如何与孩子相处。本书中介绍的"聪明孩子在家做的事"，均为就读于该机构的大部分学生平时都会做的事。

· 调查问卷标题：《如何与孩子相处》
· 调查背景：对 SAPIX 毕业生家长进行调查，了解孩子的家庭学习环境和习惯
· 调查对象：389 位 SAPIX 小学部 2022 届毕业生家长
· 调查方法：Web 调查
· 调查时间：2022 年 11 月 9 日—2022 年 11 月 26 日

Q2

你是否会与孩子一起思考他所提出的疑问，或积极向孩子提问？

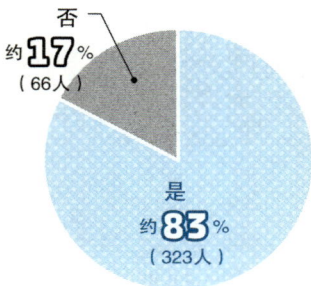

否
约 **17** %
（66人）

是
约 **83** %
（323人）

Q3

你是否会询问孩子想做某事或采取某种行动的原因？

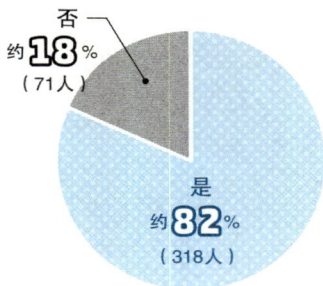

否
约 **18** %
（71人）

是
约 **82** %
（318人）

Q4

孩子做错题，你是否会鼓励他说"你竟然已经做到这一步了"？

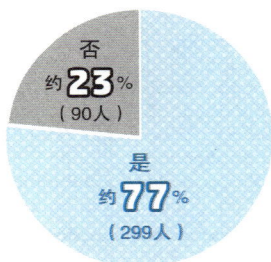

否
约 23%
（90人）

是
约 77%
（299人）

Q5

你是否会鼓励孩子做笔记？或者你的孩子是否会主动做笔记？

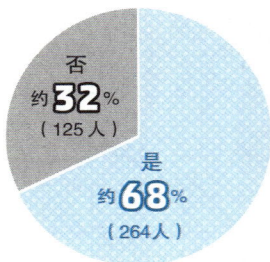

否
约 32%
（125人）

是
约 68%
（264人）

Q6

孩子遇到困难和挫折时，你是否尽量不给孩子灌输他不擅长的意识？

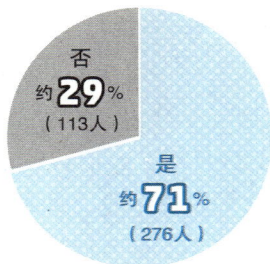

否
约 29%
（113人）

是
约 71%
（276人）

Q7

你是否会在孩子面前读书、看报或学习？

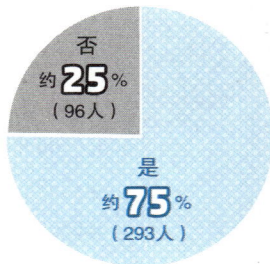

否
约 25%
（96人）

是
约 75%
（293人）

Q8

孩子处于学前班—小学低年级时，你是否会与其进行亲子共读？

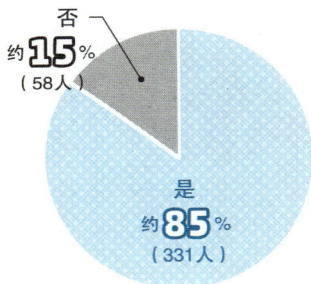

否
约**15**%
（58人）

是
约**85**%
（331人）

Q9

你的孩子是否会自己选择书籍阅读？

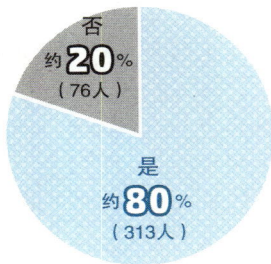

否
约**20**%
（76人）

是
约**80**%
（313人）

Q10

孩子在学习中遇到不懂的词语时，你是否不会立即告诉他这个词的意思，而是问道"你认为它是什么意思？"并引导其进行类推？

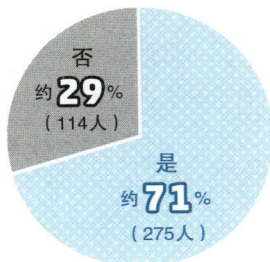

否
约**29**%
（114人）

是
约**71**%
（275人）

Q11

你是否会创造亲子烹饪时光，和孩子一起体验烹饪的乐趣？

否
约**23**%
（91人）

是
约**77**%
（298人）

Q12

你是否会鼓励孩子自行制定时间表？

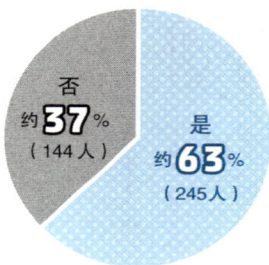

否
约**37**%
（144人）

是
约**63**%
（245人）

Q13

这个问题仅由在 Q12 中回答"是"的家长作答。当日程安排没有按计划进行时，你是否会支持孩子修改时间表？

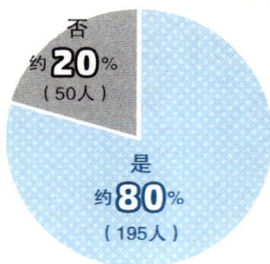

否
约**20**%
（50人）

是
约**80**%
（195人）

Q14

你的孩子在学前班—小学低年级时是否玩过折纸或拼图等玩具？

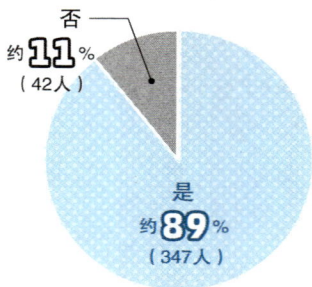

否
约**11**%
（42人）

是
约**89**%
（347人）

Q15

你是否会每年带孩子去旅行一次？

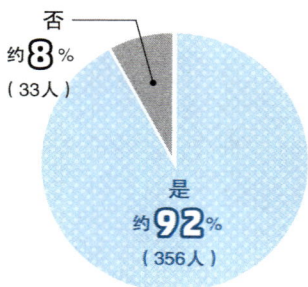

否
约**8**%
（33人）

是
约**92**%
（356人）

Q16

你是否会和孩子一起交流报纸和新闻中的话题?

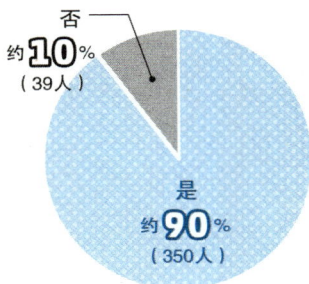

否
约**10**%
（39人）

是
约**90**%
（350人）

Q17

你是否会有意识地准备一些图鉴放在家里?

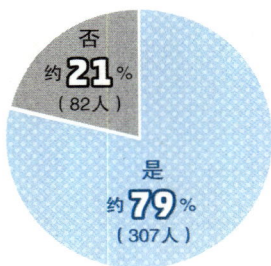

否
约**21**%
（82人）

是
约**79**%
（307人）

Q18

你是否会在家里种植植物或饲养生物?

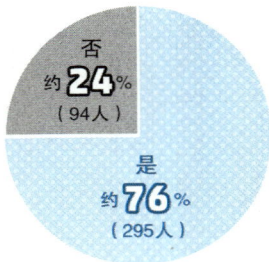

否
约**24**%
（94人）

是
约**76**%
（295人）

Q19

你是否会鼓励孩子参加学校组织的活动? 如运动会等。

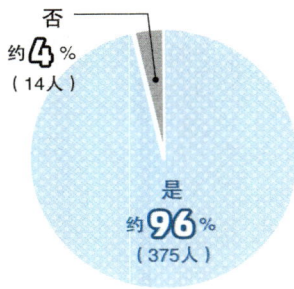

否
约**4**%
（14人）

是
约**96**%
（375人）

第一章

坚持主动学习的
"聪明孩子"

"聪明孩子"什么样

提起"聪明孩子"时，你会想到什么？

成绩好的孩子？

能在瞬间领悟的孩子？

懂事的孩子？

这些都没有错。但是，我认为对学习感兴趣并能终身学习的孩子才是聪明孩子。

身处飞速发展的时代，孩子在学校或补习班学习的内容并非"终点"——装进孩子脑袋里的知识，需要不断被更新为新的信息。也就是说，"长大就不用学习了"这种话简直是天方夜谭。

所以，从现在开始，无论选择什么样的生活方式，在学习上，孩子都必须有一种"终身学习"的态度。

而让孩子终身学习的动力则是好奇心、兴趣和探索精神。

"我想知道更多""这到底是怎么回事？"这样的动机和问题会让孩子主动地学习。

那么，家长怎样才能有效地激发孩子的好奇心、兴趣和探索精神呢？

其实，好奇心、兴趣和探索精神是孩子们的天性。而且，这些能力还可以通过后天的各种经历得到进一步的培养，如游戏、家庭谈话、帮助别人、旅行和活动……孩子在每个环境中的经历都是培养这些能力的机会。

我从著名的小升初辅导机构 SAPIX 小学部获取了培养孩子好奇心、兴趣和探索精神，以及培养聪明孩子的方法。在我们交流的过程中，对方强调了在日常生活中抓住学习机会的重要性。

SAPIX 小学部对 10 万余名小学生进行过小升初入学考试指导。可以说，他们是一个为小学生提供学习辅导的专业团体。但 SAPIX 并不是进行填鸭式教育，它的特点是培养孩子的探索精神。

正如本书将会揭示的那样（参见第六章），事实上，目前对于小升初考试的备考并不是只需要填鸭式地学习知识。

在可以实时搜索任何信息的年代，想获得成功，仅储备大量的知识是不够的。在未来的社会中，需要结合储备的知识，对事物进行思考、表达和判断。

因此，我希望家长在阅读这本书时，不要把它当作获取知识的有效途径，而是将其视为培养对学习感兴趣并能终身学习的孩子，也就是"聪明孩子"的土壤。

学习一定要有趣，否则难以持久

我曾在上一节中介绍，对学习感兴趣并能终身学习的孩子才是未来所需要的"聪明孩子"，但事实上，从一开始就热爱学习的孩子很少见。

"我的孩子对学习不感兴趣。"

"孩子学习不主动，总需要催促，关键他还不听话。"

有这种苦恼的家长并不少见。孩子不会主动学习，一直是家庭教育中最常见的问题之一。

究其原因，正是孩子不喜欢学习，或者认为自己不擅长学习，所以才会对学习提不起兴趣。如果是有趣的事情，孩子通常都可以集中精力，沉浸其中长达几个小时。例如，孩子一直玩游戏、刷短视频……你一定不止一次对孩子"出奇的专注力"感到惊讶，发出过"他怎么还在……"的感叹。而且即使家长要求孩子停止，他们也会继续坚持下去。这种现象的基础在于"乐趣"。

鉴于孩子这样的特点，想让他们成为心甘情愿的学习者，重要的是要让孩子自己认为"学习很有趣，而且自己很擅长学习"。

等等，我似乎已经听到你在说："说起来容易，做起来却很难……"

或者，还有些人可能认为"学习不应该是有趣的"。

但是，家长对孩子的影响很大，如果家长在学习上总爱主观臆想或认为孩子不擅长，孩子往往也会因此不爱学习。

所以，在这本书中，我要传达的信息不仅是"让孩子如何"，还包括家长改变自身习惯的重要性。我想让家长真正相信，"把学习视作乐趣"是培养孩子兴趣并使他们聪慧过人的一个重要方法。

如何培养终身学习的态度和习惯

一提到学习，很多人会想到伏案苦读、殚精竭虑等一心学习的画面，但实际上，获得知识只是学习的一部分，学习的概念远比这要宽泛得多。

即使是文部科学省①也没有将学习定义为"获得知识"。文部科学省表示，孩子不仅需要对"知识和技能"进行传统意义上的学习，还应该具备"思考、判断和表达

---

① 文部科学省（Ministry of Education, Culture, Sports, Science and Technology），是日本中央政府行政机关之一，负责统筹日本国内的教育、科学技术、学术、文化和体育等事务。

能力"与"学习能力及人性"等。

　　此外，如前所述，培养好奇心、兴趣和探索精神也非常重要，只有这样才能培养出未来所需要的有能力终身学习的孩子，也就是"聪明孩子"。

　　而在家庭和学校的多样化经历对培养这些能力至关重要。

　　事实上，在小升初辅导机构 SAPIX 小学部就读的孩子，都有很多美好的亲子经历。

　　例如，面向 SAPIX 小学部毕业生家长的调查问卷显示，许多家庭都是家长与孩子一起做饭：参与调查的学生家长在面对"你是否会创造亲子烹饪时光，和孩子一起体验烹饪乐趣"这一问题时，77% 的家长选择了肯定的回答。

　　此外，在被问及"你是否会每年带孩子去旅行一次"时，约有 92% 的家长给出了肯定的答案；大约 94% 的家长对"对于孩子提出的去某处、做某事等要求，你是否会尽量满足"的回答为"是"。这一事实表明，大部分家长似乎都会尊重孩子的意愿，而不是带孩子去家长自己想去的地方。

但是，如果日常生活中总是为了做某事而特地鼓足干劲，被动地去经历很多事情，可能会让人筋疲力尽。因此，关键是要主动养成习惯。家长和孩子都应努力将"轻松地学习"这一习惯融入自己的生活。

这本书将具体介绍，在各学科领域，什么样的经历会对学习有所帮助。

想实现终身学习，必须具备三种能力

具备什么样的能力才算是能够终身学习的"聪明孩子"呢？每年有 6000 多名学生在读的 SAPIX 教育辅导机构的联合总裁高宫敏郎说，所谓"聪明孩子"主要具备以下三大能力：

☆ "渴望了解和理解某事物"的好奇心；

☆ 批判性思维能力，敢于针对他人所说的内容提出
　疑问；

☆ 表达自我的能力。

这三种能力都是孩子生存在未知的未来时代所必需的。接下来我将详细解说。

（1）家长要正确引导，不压制孩子天生的好奇心

首先是好奇心。事实上，孩子的好奇心是天生的。

"这是什么?""那是什么?"许多家长一定都遭受过孩子的"问题攻击"。

这时候请不要磨灭孩子的好奇心。

有些家长因为平时工作繁忙，还经常被孩子问道："为什么会这样?""这是什么意思?"不耐烦的他们因此对孩子说"与其思考这些没用的问题，你还不如现在就去……"或"你根本没有必要去考虑这些事情"，你是否也曾这样?

我非常能理解家长在面对孩子提问时的感受，因为由于工作原因，家长时间紧迫。

但是，家长也可以试着在被孩子提问后留出五分钟的时间，告诉孩子"你这个观点非常有趣"并因此展开亲子对话。

在这种情况下，家长不是必须要对孩子的"为什么"给出明确的答案。

孩子遇到难题向家长求助时，家长不应该直接告诉孩子答案，而应回答："你可以去查一查，查完后要教一教我。"对于孩子好奇的事物，倾听非常重要。

然而，家长很忙时，可能无法抽出时间与孩子进行这样的交流。在这种情况下，至少不要打击孩子。"想那些事情简直就是在浪费时间！"这种态度只会磨灭孩子的好奇心。

（2）重视不囫囵吞枣的态度

"聪明孩子"所具备的"批判性思维能力"又是什么

意思呢?

　　日本小升初考试培训机构 SAPIX 小学部公关策划部的广野雅明认为,在教师教授知识的过程中,在其他孩子已经理解的情况下,仍然能毫不犹豫地问"为什么会这样?""这难道没有什么问题吗?"的孩子将获得更大的成长。

　　不懂"察言观色"、通过在不恰当的时机提出问题来寻找答案的孩子通常有强烈的好奇心。他们不会因为大部分孩子都已经理解而囫囵吞枣、一知半解地学习知识。班上一定还有其他孩子不明白,所以大多数情况下,这些孩子提出的问题最终会帮助全班学生学习。

　　孩子面临的未来社会与当代成年人所经历的社会有很大不同。

　　在这个时代,因为"以前有过成功经验"或"出自某知名人士之口"而盲目相信一切的经验、权威多少有些危险。

　　与前文说明的培养好奇心的方法相同,培养批判性思维能力，关键在于家长愿意与孩子站在一起面对问题。

在对 SAPIX 小学部毕业生家长的问卷调查中，针对"你是否会与孩子一起思考他所提出的疑问，或积极向孩子提问"这一问题，回答"是"的比例约为 83%。重视学习的家庭，永远都会把态度放在第一位。

（3）通过问孩子"为什么"来培养他们的表达能力

能够终身学习的聪明孩子所具备的第三种能力是"表达自我的能力"。那么，培养孩子表达能力的方法有哪些呢？

在简单的日常交流中，高宫先生经常会问孩子："为什么？"例如，他会问孩子晚餐中最好吃的是什么，孩子回答后，他还会继续追问"为什么"。

这有助于激发孩子的大脑潜力，让他们在头脑中组织自己的想法，并尝试用语言来表达。"我以前吃过吗？""它的哪一方面征服了我的味蕾？"孩子会整合自己所掌握的知识，回想自己的感受。这个过程可以训练孩子思考和表达的能力，所以学会问孩子"为什么"非常重要。

在培养第一种和第二种能力的过程中，家长要面对孩子的"为什么"。在培养第三种能力时，家长学会问孩子"为什么"更加重要。

培养聪明孩子，没有任何捷径。这些沟通习惯的培养就是在为孩子终身学习培育土壤。

高宫先生和广野先生曾向我说明家庭学习对于培养聪明孩子的重要性，从下一页开始，我将围绕 SAPIX 式家庭学习习惯做出介绍。

为便于家庭实践，我选取了一些重要内容进行介绍，所以请家长务必尝试将其融入日常生活中。

SAPIX 式 家庭学习习惯 1

学习中是过程重要还是结果重要

✕	结果
✓	过程

学会倾听孩子的理由，并对其产生共鸣

成功的体验对孩子很重要。孩子每迈出一小步，家长都应该给予肯定并加以鼓励。例如，说"你真的做到了！接下来还要继续努力"，从而激发、调动孩子的积极性，鼓励他们不断向更高的目标攀登。

换句话说，在学习中，更重要的是过程。

家长不能只看重结果，要接受孩子的能力和节奏，改掉唠叨、催促的毛病。

对于考试结果，重要的是确认孩子学会了什么，还有哪些知识没有掌握，并以此为依据与孩子一起思考如何提高学习能力。

至于考试中所犯的错误，可能是抄写错误，也可能是计算错误。孩子对这些错误总是有自己的理由。家长需要倾听孩子的理由，找出出错的原因并加以分析。

相反，如果家长不听孩子的理由，只是根据分数做评判，孩子就不愿再和家长谈论任何事情，还会失去积极的学习态度。

认可过程的一个重要部分是要倾听孩子的心声，与孩子共情。

比如说，孩子在计算上出错了，家长可以对孩子说："太可惜了。我们要不要一起看一看是哪里算错了？"

出现计算失误，孩子往往意识不到究竟是哪里出了错。家长可以与孩子一起再做一次计算，让孩子意识到错误的原因。

此外，孩子不小心出错的情况也很常见。例如，因为粗心大意，竖式验算时没有对齐数位，结果把不同数位上的数相加了。这种情况下，只要家长正确引导，孩子就会了解竖式书写规范的重要性。

出错后，重要的是让孩子自己对出错的地方进行思考与改正，确保将来不再出现同样的错误。要知道孩子也不愿意出错，家长应该给孩子思考的机会。

不过，即使是在 SAPIX 小学部，有时也会遇到只想提高成绩的学生。我认为这些孩子本身并没有问题，因为他们的行为只是家长价值观的投射。

这种"以结果为导向"的态度可能会让孩子认为"自己要做的就只是获得高分"，继而导致作弊等错误行为。帮助孩子摆正学习态度，关键在于家长要尽快审视自己的亲子相处方式，避免让孩子形成扭曲的价值观。

重点！

▶ 赞美孩子的点滴进步。

▶ 偏重结果会导致孩子出现错误行为。

SAPIX 式　家庭学习习惯 2

辅导学习后，应对孩子说什么

✗ "现在明白了吧?"

✓ "不懂的话可以再问我。"

营造孩子敢于说"我不明白"的氛围

在家庭学习的过程中，家长会辅导孩子学习。在知识已经教过很多次，或者有其他家务需要做的情况下，家长可能会不耐烦地向孩子确认"明白了吧?"，并以此来结束辅导。

但是，孩子哪怕只是从家长的话语中感受到了一点点"压力"，他们也只会用"嗯"来回应。针对家长口中的"明白了吧?"，如果孩子说"不明白"，家长可能随即会把矛头指向孩子，继续追问道:"你怎么还不明白?!"

即使家长的本意并非如此，但一句"明白了吧?"也会让孩子认为家长在有意中断与自己的沟通。在这种情况下，即使孩子并未真正理解，也只会说"明白了"。

所以，重要的是给孩子营造一个敢于说"我不明白"的氛围。

家长不应该对孩子说"明白了吧?"，而应该通过"那么，你现在能给我讲一遍吗?"这种表达方式来鼓励孩子复述，以此来检验孩子是不是真的明白。

或者，家长也可以对孩子说"不懂的话可以再问我"。这样的话，即使孩子没有 100% 理解，但他意识到自己处在一个可以再次询问的环境中，也会反复确认。

最重要的是，要记住：家长有时有必要降低标准，告诉自己"只要孩子已经大致明白就可以"。

重点！

▸ 营造能够培养和促进孩子提出质疑的家庭氛围。

▸ 以"能大致明白就可以"的态度和孩子相处。

SAPIX 式　家庭学习习惯 3

因孩子学了就忘而焦虑该怎么办

✕ 宣扬"自己在童年时可以做得更好"

✓ 与孩子相处时把他们视作一种健忘的生物

可以以记忆力差为前提进行一遍又一遍地反复记忆

孩子都非常健忘，且健忘程度令人惊讶。

长大后，人们回忆自己童年时也很健忘。因此，家长经常会通过"我昨天才告诉你的!""我已经说过很多次了!"这样的话把矛头指向孩子，而且自己也十分焦虑。

但是，如果把孩子视作一种健忘的生物，家长也许会感觉好受一些。

要知道孩子本身就非常健忘，他们需要耐心并反复地学习。SAPIX的课程设计也是基于孩子非常健忘的假设，因此，同一知识会反复出现。

提醒孩子记忆汉字和其他知识，告诉他们"千万别忘了"不会起多大作用。

相反，如果孩子已经忘记了，家长应该态度积极地说："我们再重新记一遍。"与其为孩子的健忘而焦虑，不如鼓励他们反复记忆，这一点非常重要。

另一种避免焦虑的方法是家长自己去学一些从未接触过的东西。令人惊讶的是，家长甚至也记不住一周前学过的内容。

如果自己也有过健忘的经历，那在面对孩子"学了就忘"时，家长也许就可以胸襟豁达地说："这的确不是那么容易就能记住的。"

重点！

▶ 孩子都非常健忘。家长应该通过"我们再重新记一遍"等积极的语言鼓励孩子耐心地反复记忆。

SAPIX 式 家庭学习习惯 4

抄板书是否有必要

✗ 根据黑板上的板书记笔记效率很低，不建议孩子抄板书

✓ 事实上，根据黑板上的板书做笔记是一项需要用心的工作，家长应该鼓励孩子抄板书

做笔记有助于思考

上课时，将黑板上的板书和教师讲过的知识记在笔记本上，其实就是一种"组织和记录"的过程，同时也是一种基本的输出训练。

然而，许多孩子都不喜欢"写"，因为其费时并且乏味。所有人都希望自己能更轻松，所以孩子上课时不爱做笔记也属于正常现象。

为节约课堂时间，现在的学校和补习班往往会用打印好的填空练习来代替板书。

然而，在大多数情况下，不做笔记的孩子可能会觉得课堂上已经听明白了，但是最后什么都没记住。

不过，也有许多花很长时间做笔记的孩子并没有组织好内容，而只是机械地逐字抄写。可见只有在头脑清晰的情况下，孩子才能做好笔记。

换句话说，做好笔记和对内容的理解相互关联。

做笔记不仅仅是机械地抄写。如果对所学知识已经理解透彻，也可以省略部分内容；反之，即使教师说"大家不用抄这部分内容"，但如果孩子认为"这很重要"或"这很有趣"，也应把相应的内容记录下来，日后也许会因此获得很大成长。

输出是一种超级高效的学习方法，通过"写"来输出不只适用于文字信息。在科学课上，教师可能会要求学生画出自己所观察到的植物和昆虫，这时，孩子不可能把自己看到的所有东西都画在笔记本上。所以，科学观察的目的是培养孩子在掌握"特征是什么"和"要注意什么"的基础上进行抽象描绘的能力。

如今，随着电脑等设备的普及，除"写"之外，可供孩子选择的学习方式越来越多。

虽然使用电子设备也是非常不错的学习方式，但忽视了"写"，所以无法锻炼孩子的输出能力。因此无论过去还是现在，根据黑板上的板书做笔记，对孩子们来说都是非常必要的学习方法。

重点！

▶ 做笔记的习惯有助于培养孩子抓重点和表达的能力。

SAPIX 式 家庭学习习惯 5

强化孩子的优点还是改正缺点

✕ 家长把注意力放在孩子的缺点上

✓ 家长把注意力放在孩子的优点上

找到孩子擅长的事可以增强他们的自信心

　　家长应对孩子自认为擅长的科目给予充分的肯定。

　　有时，家长可能很难去表扬自己的孩子。例如，家长可能认为，“孩子说自己很擅长，但这并不意味着他的成绩好”。如果四个科目的平均偏差值[①]略低于40，而其中某一个科目的偏差值为45，家长可能会想：“这能算是擅长吗?”

　　但是，如果孩子认为自己很擅长，家长千万不要去否定。

　　这不局限于某一学科的学习。如果孩子认为自己擅长某一件事，那么他们在做自己擅长的事情时，会感到安心和自信，并能从中得到心灵上的满足。

　　有些孩子可能不擅长学习，但他们也许擅长足球，或

[①]　偏差值，是指相对平均值的偏差数值。在日本，偏差值被看作学习水平的正确反映，从偏差值也可以看出每个学生在所有考生中的水准顺位。

是吹笛子，抑或拥有某种特殊的技能，例如在捉迷藏游戏中从不会被抓。

如果有一件事能让孩子觉得自己很棒，那么这就是帮助他们培养自信的一个契机。

家长可以尝试在家里与孩子一起发现他们的"优点"并进行表扬，而不是去否定孩子。给予孩子足够的时间沉浸在他们擅长的事情上，是让孩子安心的重要一环。

相反如果家长告诉孩子"你不擅长学习"或者"你的数学真的很差劲"，孩子就有可能相信家长的话，从而变得真的不擅长这门学科。此外，如果孩子只专注于学习自己最薄弱的科目，还存在最终不喜欢该科目的风险。

重点！

▶ 支持孩子，表扬他们擅长的事情。

▶ 腾出时间来让孩子沉浸在自己擅长的领域中。

▶ 不过分要求孩子在不擅长的事情上寻求突破。

SAPIX 式　　家庭学习习惯 6

家长该如何正确教育注意力不集中的孩子

✕ 家长一边玩手机一边督促孩子集中精力

✓ 先创造适合专注的环境，再告诉孩子要集中注意力

家长应向孩子展现自己集中注意力的姿态

　　孩子的保持专注的时间非常短暂。而且，能够一直集中注意力的成年人也很少，许多人在工作时都很难集中注意力并因此而倍感困惑。

　　首先，家长必须认识到注意力不集中是人类普遍存在的现象。

　　其次，家长告诉孩子要集中注意力时，要确保其所处的环境确实有利于集中注意力。

　　你是否在告诉孩子要集中注意力时，自己却在看电视？另外，如果家长用手机玩游戏，孩子也很容易关心地凑过来围观。

　　如果可能的话，家长最好让孩子看到自己在专心致志地做某件事。如果孩子正在学习，家长可以在旁边为自己的职称考试而备考学习，或者阅读。

　　另外，在上述情况下我建议家长对孩子说"你今天有

很多作业要做，我也要为自己的职称考试而备考学习，我
们一起努力吧"，来肯定孩子的努力。

重点！

- ▶ 要让孩子集中注意力，家长首先要关掉电视、
  放下手机。
- ▶ 孩子学习时，家长可以备考职称考试或阅读，
  亲子共同创造专注时间。

第二章

如何培养语文优等生

语文是所有学科的基础，别让孩子讨厌它

从这一章开始，我将分学科介绍可以在家实践的具体学习方法，帮助孩子学会自主学习。

首先，让我们来看一看所有学科的基础——语文。

如果不知道文字的意思，孩子就无法理解课本内容或阅读题目。理解文字和学会用文字表达自己的想法对所有学科的学习都很重要。

此外，第二语言不会超越母语水平，也就是语文水平。如果不具备一定的母语能力，在学习英语等其他语言时，无论怎么努力，成绩也无法得到提高。

那么，孩子应该如何学习语文这一所有学科的基础呢？在家里，家长可以做些什么来避免孩子对语文学科没有自信？学习语文可以帮助孩子获得什么样的能力？我曾就这些问题与 SAPIX 小学部教语文的教师国定荣太进行交流。

　　国定老师认为，如果孩子不喜欢学习，那么他们就需要付出很多努力才能重拾对学习的兴趣。因此，最重要的是将"不让孩子讨厌学习"作为基本前提。当然，即使孩子已经讨厌学习，也并非没有转机，但如果可能的话，还是要避免让孩子在消极的状态下从头开始。

　　让孩子从学习中感受到快乐，他们自然就会产生兴趣。这就是孩子感觉"喜欢""有趣"对学习语文非常重要的原因。

　　我希望家长能够秉承用游戏点亮快乐童年的宗旨，尝试本章中所介绍的各种方法。

阅读理解和识字的要求不同

　　提高语文成绩所需要的能力可主要分为识字能力和阅读理解能力。虽然同属"语文"范畴，但是，阅读理解与识字所采用的学习方法并不相同。

如字面所述，阅读理解能力就是阅"读"与理"解"的能力，因此，要学好语文，孩子必须同时具备阅读能力和理解能力。小学低年级期间，孩子只要具备阅读能力，就能够解答大多数题目，所以家长没有过于关注孩子是否具备理解能力。

阅读本章内容时，各位家长务必意识到语文学习分为两个部分，一个是识字能力，另一个则是培养阅读理解能力。

良好的亲子关系能提高孩子的语文能力

介绍"如何培养语文优等生"之前，我们先来了解一下与孩子相处的两大原则。

原则①：学会站在孩子的角度思考与沟通

如果家长与孩子的沟通不平等，家长在孩子之上，而孩子在家长之下，孩子就会觉得自己学习完全是出于被迫，或者尽管不是本意但自己必须这样做。

身为家长，你是否会过度追求正解，或单方面设定目标并告诉孩子"你必须达到这个水平"？

如果家长持续以这种方式与孩子相处，孩子将失去学习主动性和对语文的兴趣。

站在孩子的角度与他们沟通非常重要。例如，家长不应该生硬地要求孩子"读这本书"，而应该对他说："这本书真的很有趣，你要不要读一读？""妈妈以前真的很喜欢这本书！"

作为家长，只有尽可能多地站在孩子的角度看待问题，才能把重心放在"孩子能做什么"，而不是"他们做不到什么"上。家长会因此感受到孩子积极的一面，由衷地赞美孩子。这不仅对学习非常有利，还会对亲子关系产生积极影响。

原则②：增加亲子交流

毋庸置疑，语文是一门语言学科。学习语言，最重要的是增加交流。生活在亲子交流和成人间交流较多的家庭中，孩子的词汇量将自然而然地增加，表达能力也会不断提高。

直到几十年前，孩子、父母、叔父叔母、祖父母等几代人还都住在同一屋檐下。在这样一个大家庭中，有许多不同的人物关系和角色，所以孩子会接触到各种各样的语言运用。

例如，孩子有机会听到自己的母亲对她婆婆（孩子的祖母）恭敬地说话，那他自然而然地就能学会如何使用敬语。因为身处这种环境中，孩子不用特意去学习就能不知不觉地掌握敬语的用法。

另一方面，在现代社会中，核心家庭①越来越普遍。

---

① 核心家庭，指由一对夫妇及其未婚子女（无论有无血缘关系）组成的家庭。通常称"小家庭"。

许多家庭中的夫妇都是双职工，回到家后，夫妻双方可能都很疲惫，因急于休息而没有时间交谈。这就是家长需要有意识地创造说话机会的原因。

家长可以谈论新闻、爱好等任何话题。即使是在孩子面前，家长也要交谈，并且要有意识地加强沟通。

让孩子积极融入不同的社交圈对提高语文能力也大有益处。通过参与社区活动和志愿服务等方式来创造让孩子与不同年龄段人群交谈的机会，这可以帮助他们自然而然地学到以前所不了解的词汇和表达方式等。

基于与孩子相处的两大原则，从第49页开始，我将介绍可以在家实践的语文能力培养方法，并附有 OK（"√"）实例和 NG（"×"）实例。

通过学习语文培养的能力

学习语文不只是为了应付考试。

接下来，我将详细介绍通过学习语文所培养的在成年后也非常重要的能力和素质。

☆ 能力 1

逻辑思维能力和表达能力

学习语文可以培养逻辑思维能力和表达能力，让孩子具备向他人准确传达主旨的写作能力，为日后活跃于社会奠定坚实基础。

为此，孩子必须学习语法规则和文章结构等，以便准确地向他人传达主旨。

此外，这样的能力也有助于分析科学实验结果，准确理解社会学科的资料。

对于眼前的现象，从逻辑上考察其理由，是所有学科都需要具备的能力。这就是语文及所有学科之基础的原因。

☆ 能力 2
理解他人的能力

　　语文不仅是一门学习词汇和语法的学科，还是一门培养学生想象力的学科。具体来说，学习语文有助于培养学生对他人的想象力。擅长语文的孩子可以通过阅读文章来感知他人情绪。此外，他们还可以理解他人，明白

"即使所遇情况类似，每个人的思考方式也不尽相同"这一道理。

家长经常会告诉孩子，要懂得站在他人的立场上思考问题。身处多元化的时代，对他人的想象力非常重要。

学好语文，能帮助孩子养成理解他人、站在不同的角度看问题的习惯，使孩子更加善良并富有情感力量。

☆ 能力 3
拓展超越学科框架的兴趣

　　语文阅读理解题目中的文章涉及各种题材。例如，关于蚱蜢和螳螂生态的自然科学、社会历史和当前国际形势等。语文的魅力在于，它可以打破学科框架的限制，让孩子全面地了解这个世界。

通过接触各种类型的文章，孩子们会渐渐涉足自己以前从未了解过的领域并为此而感到兴奋。事实上，在SAPIX 小学部的毕业生中，也曾有人通过阅读语文题目拓宽了自己的兴趣。

语文能让孩子接触到各种各样的知识，促进兴趣培养及多元化发展。

SAPIX 式　　**如何培养语文优等生 1**

如何增加孩子的阅读量

✕　买书给孩子阅读

✔　在孩子面前阅读

想办法让孩子觉得阅读是一件轻松有趣的事情

家长有时会因为"希望孩子能够爱上阅读……"而向我征求意见。然而，仔细了解后，我发现这些家长本身都没有阅读的习惯。家长是孩子的第一任老师，成长过程中，每个孩子都会把家长当作自己模仿的对象，所以如果想让孩子养成爱看书的习惯，首先家长要爱上阅读。

家长并不需要选择难度很大的书籍来进行阅读，它可以是贴近家长自身爱好的一本书，也可以是杂志。如果孩子向家长学习一点，根据自己的兴趣选择书籍，他们就会觉得自己和书非常亲近，认为阅读是一件轻松有趣的事情。

此外，在每天都坚持进行亲子阅读的家庭环境中，孩子自然会对书籍有更多的热爱，即使是不识字的孩子也会对着书中的图片微笑，以自己的方式享受阅读。

孩子能独立阅读后，许多家长可能不会再坚持亲子阅读，用"你自己不是可以看懂嘛"这样的话来搪塞孩子。然而，家长一定不能因为孩子已经升入小学就不再进行亲子阅读。

阅读的第一道关卡是一本书的起始部分。许多孩子会因为无法坚持阅读一本书的起始部分而放弃阅读，因此我建议家长通过亲子阅读的方式将书的前十分之一或八分之一读给孩子听。

特别是因为不理解人物设定、不了解内容梗概，许多孩子都无法坚持阅读故事和小说。一旦孩子对书中内容有了一定的了解或已然沉迷于其中，家长就可以引导他们自己阅读后面的内容。

为进一步提高孩子的语文能力，家长可以要求孩子为自己讲述故事的内容。例如，孩子读完后，家长可以提问："这本书的主人公做了什么？""你是怎么认为的？"等。

如果要向孩子提问，家长就必须对书中内容有充分的了解。我知道家长都很忙，但是家长与孩子读同一本书可以使亲子双方拥有共同话题并能够享受交流的乐趣。

另外，创造"阅读"机会固然重要，但"选择"书籍的机会也应该得到重视。前往图书馆或书店选择自己喜欢的书籍对培养孩子的阅读兴趣意义非凡。比起家长的选择，让孩子自己选书更能激发他们的阅读兴趣。

培养孩子的阅读兴趣，不一定非要选择文学名著。

如果孩子是个火车迷，那就一定不能错过内容精良的火车绘本，热爱漫画的孩子也可以选择琳琅满目的漫画书……的确，这些书可能不利于孩子通过文字展开想象。然而，它们能让孩子养成阅读习惯，或通过沉浸于书籍内容而获得间接经验。此外，尽管存在个体差异，但是，这的确会增加孩子的词汇量。

不同于强迫孩子阅读自己不感兴趣的书籍，允许他们看自己喜欢的书有助于培养孩子的阅读兴趣。家长可以通过为孩子提供丰富的"阅读"和"选择"的机会，努力在家中创造一个有利于阅读的环境。

重点！

▶ 家长自身要有阅读的习惯。

▶ 为孩子阅读书籍的开篇章节。

▶ 为孩子创造在图书馆和书店选书的机会。

SAPIX 式　　**如何培养语文优等生 2**

如何为不擅长阅读理解的孩子提供有效建议

✕　建议孩子大声朗读文章

✓　建议孩子一边阅读一边做批注

针对文章内容向孩子提问

"孩子爱看书，但是阅读理解能力不太好……"你是否也有这样的感觉？

不擅长阅读理解的孩子有一个共同点——他们只会把文字当作单纯的文字。例如，如果看到"快乐的运动会"这几个字，他们只会将其视作"快""乐""的""运""动""会"等几个独立的文字，无法将它们视为一个有特定含义的词组。

有的孩子可能认字，但不理解具体的含义。因此，他们所识别的文字信息只会在头脑中一晃而过，什么都留不下。

无论认识多少字，他们都不明白其中的含义，所以无法实际感受到乐趣，继而认为语文非常枯燥。

此外，提醒孩子"人家是这样写的"或"好好读"等会让他们觉得"自己明明读对了，却还总是被爸爸妈妈挑毛病……"并加深他们对语文的厌恶。

对于不擅长阅读理解的孩子而言，最重要的是要教他们读出文字背后的意味。

某些情况下，家长会鼓励读不懂文章的孩子大声朗读，但实际上，这种训练方式并没有什么用。朗读的好处是可以捕捉到孩子不会读和不熟练的词汇，进而教授给他们正确的读法，同时增加词汇量。然而，由于这种学习方法很难将文章烙印在孩子的头脑当中，因此，它并不适用于培养阅读理解能力。

同样，不擅长阅读理解的孩子需要做的是，将大量的独立文字视为具有深层含义的词组或句子。

要做到这一点，关键在于在阅读文章时展开想象。具体来说，就是试着想一想文字所描绘的具体场景，例如，谁和谁在什么地方，现在正在干什么。

家长也可以尝试对故事进行拆分，用一些问题来考察孩子是否已经理解其内容，如"你刚才读的那一部分讲了什么？""太郎为什么会生气？"等。

　　被家长提问之后，孩子通常会略有停顿，然后自言自语："哦，那是为什么呢？"，并开始在他们的脑海中展开想象。

　　如果孩子在回答问题的过程中遇到困难，家长最好能用词组或句子加以提示，让孩子在阅读文章的过程中抓住重点并加深理解，例如，告诉孩子"我看到了'运动会'这几个字"。

　　反复交流后，孩子将能够把文字与其含义联系起来，并想象出在某个场景中发生了怎样的事情。

　　想提高孩子的阅读理解能力，还有一个诀窍是制定阅读规则。还记得你刚开始学习英语的时候吗？你是否曾通过涂颜色的方式来突出显示S（主语）、V（谓语）、O（宾语）等？语文学习也可以采用同样的方法。

　　小学生很难分清主语和谓语等成分，所以家长可以试着用"谁（什么）"代替主语，用"怎么做（做什么）"代替谓语，评估孩子对于文章内容的理解程度。

　　例如，"谁在哭？请尝试做出标记"或"太郎做了什么？请尝试在相应的内容下画一条红线"。

SAPIX 小学部从四年级开始，就会为学生制定文章阅读规则，如"在人物出现时做标记""在表达感情的地方画线"。

把这种阅读方法变成一种习惯后，即使面对复杂的文章，也会更容易理解。制定阅读规则对不擅长阅读的孩子非常有效。

如果家长能在孩子阅读的过程中检查他们对文章的理解程度，将更有利于提高孩子的阅读理解能力。

重点!

▶ 家长可以在孩子阅读的过程中围绕文章内容提出问题。

▶ 边读边标出主语、谓语和人物的感情等。

SAPIX 式　如何培养语文优等生 3

孩子遇到不明白的词语该怎么办

✖　告诉孩子立即使用字典来查找词语的含义

✔　告诉孩子对不理解的词语的含义可以采用类比推理

遇到不熟悉的词语时，停下来想一想

阅读是增加词汇量的最佳方式之一。

能够积极自主阅读的孩子往往有着更丰富的词汇量，所以阅读与词汇量之间应该具有一定的关联。

然而，孩子擅长语文并不只是因为他们喜欢阅读，同样，也不能说孩子善于阅读完全取决于其语文能力。这就像是关于"先有鸡还是先有蛋"的争论一样，是毫无意义的。

关于语文学习，关键是不要简单地认为"只要阅读就能提高语文能力"，而是要认识到阅读所需要的能力与解答语文题目所需要的能力存在相同之处，而且若采取措施可以同时提高阅读和语文能力。

那么，为什么阅读可以增加词汇量呢？

因为在阅读难度稍大的书时，孩子会遇到自己不理解的词。这时，他们可能会要求家长告诉自己这个词是什么意思。然而，相同状况下，善于通过阅读扩大词汇量的孩子会在阅读的过程中以类比推理的方式猜测自己不理解的词，如"这个词应该是……的意思吧"。而当孩子多次接触同一个陌生的词后，该词就会作为知识储备到他们自己的词汇库中，日后加以使用。

不擅长或不喜欢阅读的孩子通常无法很好地进行类比推理。当他们遇到自己不理解的词时，往往不知道该如何处理。

能够进行类比推理的孩子和在这方面存在困难的孩子，区别在于处理陌生词语的"经验值"。也就是说，当遇到不理解的词语时，重要的是要积累"通过上下文进行想象，从而把握词语含义"的成功经验。换言之，如果不断遇到自己不理解的词语，而一直不主动思考其含义，那么孩子的类比推理能力就无法得到提高。

有些家长会告诉孩子，"如果有不懂的词，就去查字典"，但在查字典之前展开想象也非常重要。

孩子可以在想象之后再翻开字典，确认自己的猜测是否正确，这时，孩子有可能会用"耶，我猜对了"来表达自己的喜悦。遇到不理解的词语时，停下来想一想，对它的印象会更加深刻，也更容易记忆。在不断积累猜测词语含义的经验的过程中，孩子将逐渐具备类比推理的能力。

当孩子主动问一些词语是什么意思时，家长不应该立即告诉他们答案，而应鼓励其积极思考。

此外，导致孩子不会类比推理的另一个原因是不理解的词语太多。如果一句话里有三四个不理解的词，孩子将无所适从。

请尝试想象一下你阅读英文文章时的情景。如果一个句子中只有一个不认识的单词，我们可以通过上下文猜测它是什么意思。然而，一个句子中有多个不熟悉的单词时，我们将很难进行类比推理。这将使我们处于一种即使阅读了也完全不能理解的状态，丝毫不觉得有趣。

如果一直坚持阅读无法理解的文章，还将出现更大的问题。因此，如果发现孩子在阅读的过程中有很多词语都不明白，家长可以引导他们降低阅读难度，例如，小学四年级学生可以读二年级学生的书。如果强迫孩子继续阅读小学四年级的书籍，最终可能会让他们觉得阅读非常无聊。

综上所述，即使孩子在阅读过程中遇到不理解的词语，也不用着急，这需要一点一滴积累。

重点!

▶ 想象词语的含义，之后再在字典中查找，这样可以达到增强记忆的目的。

▶ 阅读内容要与孩子的能力相匹配。

SAPIX 式　如何培养语文优等生 4

不确定孩子是否理解记叙文情感时该怎么办

✖　让孩子阅读大量的记叙文

✔　让孩子抑扬顿挫地大声朗读

朗读可以加深对记叙文的理解，让阅读更为愉悦

我曾在第二章（如何培养语文优等生2）中介绍，朗读这种学习方法并不适用于培养阅读理解能力。然而，朗读有助于孩子理解记叙文中人物的情感，因此，小学生不仅会在课堂上朗读，还经常要在家中完成教师布置的"朗读××次"的家庭作业。

不理解文中人物情感的孩子在朗读时往往没有感情，毫无抑扬顿挫之感。因此，如果孩子不擅长捕捉记叙文主人公的想法，我会建议让他们大声朗读，通过这种方式来确认孩子是否已经理解文中人物的想法和感受。

能否抑扬顿挫地朗读代表着孩子对文中人物感情的理解程度。此外，朗读还能让孩子切实体会到情感的不同。例如，欢呼雀跃地说"我做到了!"和忍住眼泪说"我做到了……"所表达出的情感完全不同。一旦能够体会文中

人物的情感，孩子对记叙文的理解就会加深，而且会越来越喜欢阅读。

如果在朗读时出现口吃的现象，或者音调、语气令人感到不适，那孩子可能没有理解文中人物的情感。这时，家长可以让孩子停下来，然后就文中内容与其展开对话。

家长可以向孩子提问，例如，"你认为太郎在这一刻是怎么想的?""书上写着'我很高兴'，那他是突然高兴起来的，还是逐渐感受到了快乐呢?"等。

之后，孩子就会问自己："如果我是这个角色，我会有什么感觉?""对了，前面的内容里写没写……呢?"，以此来收集信息、知识和经验，分析文中人物的感受。

如果不了解文中人物的感受，孩子就无法针对"选择与人物感受相符的一项"这类数目展开思考并且正确作答。

有些孩子能够轻松而迅速地感受到文中人物的喜怒哀乐，而有些孩子则不太擅长。

家长一味训斥"你怎么就不明白!"对孩子的学习与阅读没有任何帮助。

如果孩子不愿意朗读，会导致他的成长潜力被扼杀。所以，家长不要急于求成，只要放松地听孩子大声朗读就好。

另外，家长应该知道，朗读一篇新文章是一项难度非常高的工作。所以，大多数情况下，小学的家庭作业通常是"在家里大声朗读在课堂上读过的内容"。

因此，家长在准备孩子在家里朗读的内容时，不妨从他们以前读过的文章中选择。

重点！

▶ 如果孩子朗读时的声音毫无高低起伏，请给他们一些时间来体会文中人物的情感。

SAPIX 式　**如何培养语文优等生 5**

孩子不擅长识字该怎么办

✗ 通过一次性写五至十遍来记忆文字

✓ 通过在三天内每天写三遍来记忆文字

只记一次，记忆不会牢固

"写"是小学低年级学生记忆知识的一个重要途径。日语学习中，孩子要写的内容主要包括平假名、片假名和日制汉字。

学习平假名、片假名和日制汉字的最佳方法是用笔记本练习书写，并最终达到记忆的目的。许多家长可能认为"现在的孩子与我们这代人相比丝毫没有进步"，正如家长所言，人的大脑不会轻易发生变化。除了拥有"瞬间记忆"这种特殊能力的人之外，对于绝大多数人而言，记忆新事物时，"写"是非常重要的一种方法。

特别是对于小学低年级的学生，通过写来记忆是最有效的学习方式。

无论平假名、片假名还是日制汉字，都可以通过描摹来学习、记忆。然而，在三天内每天写三遍相同的文字，比一次写五至十遍更有利于记忆。

你听说过"遗忘曲线"吗？遗忘曲线是由德国心理学家艾宾浩斯[1]研究发现的，描述了人类大脑遗忘新事物的规律。简而言之，如果对于新事物只记一次，人的记忆不会牢固。为了有效地记忆，一周内适度地进行几次复习，短期记忆可能会成为长期记忆。

因此，在学习文字时，我也建议分几天书写记忆，而不是为了记忆而在一天内写很多遍。例如，可以在三天内每天写三遍相同的文字。

有些家庭可能还会在洗手间等处贴着写有文字的挂图。当然，挂图本身并不会产生什么消极作用，但对于小学低年级的学生来说，看挂图并准确记忆文字非常困难。

经过一定时间的学习后，很多孩子将能够掌握文字构成的规律。就算是非常陌生的汉字，他们也只要看一看就能记住。例如，"伙"字可以分解为"单立人加一个'火'字"。

如果家长已经能看到孩子身上的这种成长，那么这

---

[1] 艾宾浩斯，指赫尔曼·艾宾浩斯（Hermann Ebbinghaus），1850 年 1 月 24 日—1909 年 2 月 26 日。

时再贴出一张写有日制汉字的挂图，才会有效地帮助孩子记忆。

重要的是，家长要明白，学习方式需要随着孩子的成长而转变。

所以，如果在孩子进入小学高年级后，家长仍然提醒孩子"不写怎么能记住?!"，让他们沿用低年级的学习方式，这并不可取。家长要结合孩子的成长阶段，灵活地帮助他们调整学习方法。

重点！

▶ 小学低年级的孩子学习文字时，可以每天写几遍，分几天记忆。

▶ 根据孩子的成长阶段，家长需灵活采用不同的学习方法。

SAPIX 式　　**如何培养语文优等生 6**

如何为不擅长写作的孩子提供有效建议

✗　告诉孩子按照自己的想法来写

✓　对孩子说"先告诉我你要写什么"

先练习表达

　　小学期间，经常会有作文作业。特别是在暑假期间，一些家长可能会因为孩子的作文作业而深感苦恼。

　　经常有家长咨询我们："为什么我的孩子不会写长句？""孩子说他不喜欢写作文，这可怎么办？"

　　写作需要描述自身经验和表达自我想法的能力。

　　这与准确理解书面内容的"阅读理解能力"不同。

　　孩子不会写作文多半是不会表达感受。而不善于说却善于写的人非常少。因此，写作文前，家长需要做的是引导孩子讲述自己所经历的事情和对这件事的看法。

　　当孩子谈到自己想在作文中写什么时，家长就可以变成采访者，问孩子"你当时是怎么想的？""后来你是怎么做的？"等。家长的询问会让孩子回忆并组织信息。这时，家长可以转变为倾听者，听众的存在会扩展孩子的思路。如果孩子能把扩展后的成果落实到字面上，就相当于创作了一篇作文。

事实上，有些孩子自然而然地就能做到自行组织想法并以书面形式表达出来，而有些孩子则不擅长。对于不擅长的孩子，家长可以引导他们，与之一起总结。

此外，还有一些家长告诉我，孩子的作文总是以"……了"或"……很有趣"结尾。

这是词汇匮乏而导致的问题。很简单，孩子没有足够的词汇量，所以才总是使用相同的表达方式。

成年人亦是如此，一个人能够理解的词汇量和真正可以使用的词汇量往往并不完全一致。可以使用的词汇量大约是一个人所能理解的词汇量的四分之一至三分之一。这是因为，如果只知道词汇的含义，那么还不足以恰当地使用它们。

增加词汇量的第一步是认识大量的词汇。

此外，还应该了解一个词可以有许多不同的用法。家长可以多询问孩子的想法，有意识地增加孩子使用自己所知道的各种词汇的机会。如此一来，除了"有趣、高兴、难过"之外的表达方式会相继出现在孩子的作文当中。

　　SAPIX 也有一些小学三四年级的学生只会使用"有趣"或"难过"等表达方式，小学一二年级的学生更不必多言。

　　词汇量的增加需要时间。家长不应该急于求成，而是要增加亲子对话，帮助孩子学会表达。

重点！

▶ 在孩子写作文前采访他们，帮助他们整理思路。

▶ 加强亲子沟通，为孩子提供更多的表达机会。

SAPIX 式 　**如何培养语文优等生 7**

如何让孩子学会表达自己的想法

✕ 如果考试成绩不好，就鼓励孩子下次继续努力

✓ 即使考试成绩不好，也要表扬孩子得分的部分

在责骂声中长大的孩子很难收获成长

家长把自己的期望强加在孩子身上的做法在学习上绝对行不通，不仅是语文，所有的学科都是如此。如果孩子总是抱有"我必须努力……"的心态，那么对他们来说，学习将不再是"自己想做的事"，以至于没有办法专注于学习。

事实上，即使孩子考不好，也没关系。天生聪明的孩子几乎不存在。其实，哪怕只是取得了小小的"成就"，孩子也希望得到家长的赞美。

正如第一章（家庭学习习惯1）所介绍的那样，家长要赞美孩子的点滴进步。

假设孩子在满分100分的考试中只得了30分，你会怎么说？如果孩子上次考试得了45分，这次得了60分，你会对孩子说什么？

在这两种情况下，家长应该尽可能去关注孩子的努力，不要过分地看重考试成绩。

作为家长，应该具体地表扬孩子，如"填空题全对了"或"选择题比以前进步了"。如果家长每一次都能对孩子的小进步加以表扬，通过不断积累，孩子便会认为在下次的考试中自己还能更加努力。

家长因为孩子在满分 100 分的考试中得 30 分而加以批评的行为，并不能帮助孩子在成绩上取得进步。相反，这只会让孩子认为"在学习方面，我是真的非常差劲"或者"爸爸妈妈总是因为我的学习生气，我还上什么学啊"。

想让孩子获得成长，重要的是家长要在生活中保持积极的心态，面对孩子今后的学习，能够提出有效建议，如"下一次我们可以试一试……"家长没完没了的指责和批评不会让孩子拥有积极的学习态度，孩子自然也体验不到学习带来的成就感和快乐感。

孩子都不喜欢被批评。所以，如果家长自认为是为了孩子的学习而对其大声责骂，而且孩子的确也因此改变了

自己的学习态度，那往往是孩子为尽力避免再次遭受责骂
而做出了改变。

为避免挨骂，有些孩子有时也能在学习中取得不错的
成绩。然而，这些孩子学习的核心动力不是"乐趣"，因
此，他们在未来将无法持续获得成长。

此外，在骂声中长大的孩子通常都害怕犯错。由于不
想犯错，很多孩子在考试中都会放弃主观题。特别是语
文，这门学科需要孩子写出自己的想法、表达自己的感
受、不惧怕失败，所以害怕犯错的孩子会无法很好地
应对。

要想培养出敢于表达自己想法的孩子，重要的是家长
要密切关注孩子，并赞美他们的点滴进步。

家长要看到孩子的成长，不要把自己的人生理想和目
标强加给孩子。

重点！

▶ 认可并表扬孩子的努力。

▶ 对孩子的未来提出积极建议。

SAPIX 式 **如何培养语文优等生 8**

如何应对擅长语文的孩子

✗ 鼓励学习其他科目

✓ 推荐适合成年人看的书

如果不学语文，孩子可能在其他科目上也无法得到提升

与擅长语文的孩子相处时，基本上不需要做任何额外的事情。例如，对喜欢阅读的孩子说"停止阅读，全身心投入学习！"就属于额外的，或者说画蛇添足的事情。

如上所述，语文是所有科目的基础，所以在孩子想看书时加以阻止，可能会导致其语文能力不再提高，同时，也会影响其他学科的成绩。

有些孩子可能在小学三四年级时语文很好，但在五、六年级时变得非常差。这是因为如果所属学年所需的知识水平低于自身能力水平，孩子就可以很好地掌握相应的知识，但如果所需的知识水平超过了自身能力水平，孩子很可能很快会沦为差生。

此外，小学五六年级也是培养孩子逻辑思维能力的时期，解答语文题时也越来越需要孩子对文章结构进行逻辑

性把握。

有些孩子能够有感情地阅读和理解记叙文，却很难看懂富有逻辑性的文章。步入小学高年级后，富有逻辑性的文章会越来越频繁地出现在孩子的学习内容中，而对于不擅长理解此类文章的孩子，语文会成为他们所不擅长的科目。

"嗯？我以为语文是孩子最擅长的科目……"，为避免在孩子的成绩下降后感到恐慌，请家长记住以下两点。

第一，要让孩子不断接触各种文章和知识，而阅读是实现这一目标的有效途径。

进入小学高年级后，喜欢阅读的孩子可以看一些家长平时会看的书。接触成年人的观点也是经验积累的一个重要部分，所以家长可以一边说着"这本书很有趣"一边把书交给孩子阅读。

第二，不要用"你语文学得还不错，所以你应该多学习其他科目"这样的话阻止孩子学习语文。

为培养与所属年级相符或更高水平的语文能力，必须牢记这两点。

重点！

▶ 家长可以与孩子分享自己认为有趣的书籍。

▶ 家长不要阻止孩子自主学习语文。

专栏
5

小升初"语文"命题趋势

近年来，小升初考试中的语文试题越来越能反映出日本已于 2021 年开始实施的大学入学共通考试 ① 命题意图。换句话说，大学入学共通考试所要求的能力在小升初考试中得到了体现。

随着大学入试中心考试 ② 向大学入学共通考试的过渡，有更多测试思维能力和判断能力的试题出现在了高考当中。

最初的时候，人们针对其加入主观题进行了讨论，认为它的目的是考查考生的表达能力。特别是有一些试题，除文字之外，还包括图表，可以考查考生是否能够展开全

---

① 大学入学共通考试，又被称为"共通考试"，代替了之前的"大学入试中心考试"，于 2021 年 1 月开始正式实施。

② 大学入试中心考试，由日本独立行政法人大学入试中心举办的大学入学考试。通常公立大学都要求报考者参加这一考试，部分私立大学也有选择地要求参加这一考试。

面的阅读、对内容有良好的理解。

此外，还有许多试题会设置"文章1"和"文章2"，要求考生对两篇文章进行对比阅读，并说一说它们有什么相同之处。在这种情况下，考生应先阅读并总结其中一篇文章，之后再阅读并总结另一篇文章，最后还要思考两篇文章有何相同点。

为解答这类试题，考生需要能够将文章抽象化，这种能力不可能在一夜之间获得。提升这种能力的有效方法是，孩子每读完一篇文章或一本书后，家长都要向孩子提问："你觉得今天的故事怎么样？""这本书写了什么？"

第三章

如何培养数学优等生

数学是很容易让孩子感到棘手的"积累型学科"

继语文之后，我将在本章中围绕数学学习展开介绍。

许多家长可能都不擅长数学。数学是一门需要不断积累知识和解题方法的学科，所以如果在小学低年级学不好数学会对小学中高年级的学习产生一定的影响。

此外，初中和高中仍然需要小学数学知识。因此，一旦孩子觉得自己不擅长数学，即使升到更高的年级，也很容易持续抱有自己不擅长的意识。

数学是一门非常容易让孩子抱有不擅长意识的学科，但它对于有逻辑地看待和整理事物至关重要。这种能力不仅是小学、初中、高中和大学学习的基础，即使在步入社会后，依然至关重要。

但是，总有些人认为数学没用。我有时会说："在工作中永远都不需要求圆的面积。""既然有计算器，不会计算也没关系吧？"

　　的确，在数学中学习到的一些公式在成年后根本用不到。但即使是这样，每个人也都一定要具备数学思维。

　　那么，家长应该为孩子创造怎样的家庭环境，让他们在小学阶段就能擅长数学、成为愿意主动学习数学的聪明孩子呢？

　　为此，我曾围绕"可以通过学习数学培养的能力和如何在家学习数学"与 SAPIX 小学部的数学教师高野雅行进行了交流。

小学生在擅长与否这一点上变动很快

　　直到小学三年级或四年级，孩子可能会以自己解出的答案是否正确为依据来判定"我的数学很好"或"我的数学不好"。

　　进入小学高年级后，能够运用某一种解题方法或对如何解题有清晰的认识成为擅长某一科目的标准，但在小学低年级和中年级，是否擅长往往很难界定。

另外，"数学不好 = 讨厌数学"并不一定成立。有些孩子无法在考试中获取高分，但他们非常喜欢学习数学。

由于擅长和不擅长的定义非常模糊，所以如果家长片面地告诉孩子"你不擅长几何图形题，所以要加大练习力度，大量刷题"，可能会产生负面效果。某些情况下，在被告知"你不擅长某事"时，孩子真的会以为自己不擅长。

家长必须要让孩子认识到数学非常有趣，并且引导他们在此基础上解决问题。例如，家长可以试着表扬孩子"你已经做到这一步啦！非常了不起"，也可以像玩互动游戏一样向孩子提问，让孩子更好地理解数学概念。

除非孩子自己认为"……有趣""需要了解……""必须……"，而且恰逢合适的时机，否则他们将很难做出积极的努力。例如，即使家长做出了正确的分析并提出了恰当的建议，如"这个知识点掌握得不够牢固，所以我们来做一下这道题"，孩子也不一定会采纳家长的意见并付诸行动。所以，培养孩子积极的学习态度是家庭教育的重要一环。

盲目给孩子"打鸡血"并不可取

为了让孩子感受到数学的乐趣，让他们接触日常生活中的数学思维是非常有效的方法。从本章第 96 页开始，我将介绍具体的方法，但基本的前提是，要记住做家长不要太"累"。

"我认为……对孩子学习有帮助，我想试一试。"除了本书所列举的活动以外，家长还有很多其他想法是好事，但如果急于去做一切有助于孩子学习的事情，家长会感到很累，并非长远之计。

此外，有些家长可能会说"我已经拼命地在想办法了，孩子为什么还不采取行动？！"，并将自己的怒气发泄在孩子身上。

家长在教育孩子方面不能操之过急，而是要陪伴孩子享受体验的过程。

通过学习数学培养的能力

数学对我们的生活有何重要作用？

如前文所述，即使用不到具体的公式，日常生活也与数学思维密切相关。我将在本节介绍通过学习数学可以培养的能力和素质。

☆ 能力 1
试错力

在解答数学题的过程中，必须要保持理智。

这可以让孩子在步入社会后自主规划工作和生活。如果事情未按计划进行，则反复试错，进行调整，直至实现目标。

面对不确定的未来，孩子们都需要提升试错力。

☆ 能力 2
整理条件和制订计划的能力

　　成年人需要考虑的东西有很多，例如，"能在有限的时间内做些什么？""在不超出预算的情况下，能够提供怎样的服务？"等。数学可以培养商业人士所需要的"识别既定条件，使收益最大化"的能力。

此外，安排日程时也需要数学能力，例如，某人想在一个小时内买到两天的食材，那么他会先去超市，之后去一家便宜的肉店，再顺便前往面包店……

换句话说，数学在日常生活中的应用非常广泛。

SAPIX 式　　**如何培养数学优等生 1**

如何让孩子对数学感兴趣

✕　把乘法口诀表贴在洗手间里

✓　家长和孩子一起玩乘法口诀游戏

数学问题也可以是有趣的游戏

许多家庭都会在客厅和浴室贴上乘法口诀表和简单的计算挂图，以使数学融入孩子的生活。挂图并不会产生消极的作用，有肯定比没有好。

然而，要想让孩子对数学感兴趣，与贴挂图相比，更有效的方法是家长和孩子一起玩数字游戏。

例如，家长可以尝试与孩子玩乘法口诀游戏，或者问"积是 12 的乘法口诀有哪些？"等逆向思维的数学问题。

与其试图通过挂图来记忆乘法口诀，不如由家长提问"哪些数字相乘是 12？"，被家长提问后，孩子会思考并回答"2 × 6 和 3 × 4"。基于游戏的学习，有助于孩子开动脑筋，让他们像玩游戏一样爱上数学，同时也可以在享受游戏的过程中轻松获取知识。

正确地回答了家长的问题后，孩子会有一种成就感，继而认为"数学很有趣""我很擅长乘法口诀"。这种难忘的经历更有助于孩子记忆。

家长有时可以故意问："几乘以几等于 47 ？"有的孩子会感到好奇，并思考："啊？乘法口诀里有这个得数吗？"这能使孩子更加兴奋，体会到数学的乐趣。

简单的亲子数学游戏可以激发孩子对数学的兴趣，同时也是让其大脑更聪明的好方法。

令人惊讶的是，在遇到相同的问题时，孩子可能会先于家长作答。"我战胜了爸爸（或妈妈）！"会让孩子更加喜欢数学，提高对数学的兴趣。

重点！

▶ 亲子之间互相出题，增强孩子的成就感。

SAPIX 式　　**如何培养数学优等生 2**

如何使数字融入生活

✕　不允许孩子接触钱

✓　外出就餐时让孩子付钱

"钱"是让孩子对数字感兴趣的最佳工具

接触"数字"是学习数学的有效途径，而钱是我们在日常生活中最常接触到数字的物品之一。

有些家长总是认为"孩子接触钱是坏事""孩子太小不能学会花钱"，觉得孩子会受到金钱的诱惑，但是钱是学习数字的非常好的工具。

例如，外出就餐时，家长可以把自己的钱包交给孩子，让他们去付钱。在付款过程中，家长也可以和孩子讨论"要付给人家多少钱？""对方会找给我们多少钱？"等。

虽然现在电子货币的应用场景越来越多，但如果有机会用现金支付，家长无论如何都要学会放手，让孩子不断尝试。

另外，去超市买肉时，家长也可以问孩子："在那家店，100克要××元，在这家店，200克是××元。哪一家店的肉更划算？"要想学好数学，计算能力必不可少，家长可以把数学融入生活，与孩子讨论生活中能见到的数字，帮他们建立数感。

　　"2 折""30% OFF"等也是孩子容易出错的要点。家长可以和孩子一起计算，"便宜了 ×× 日元，我们可以用它买些糖果"。通过亲子之间的轻松对话，孩子会对数字越来越感兴趣。

重点！

▶ 家长可以和孩子讨论应该支付多少钱，并让孩子亲自付款。

▶ 要求孩子计算"×× 折""××% OFF"等。

SAPIX 式　　**如何培养数学优等生 3**

如何为计算总是出错的孩子提供有效建议

✕　告诉孩子要多做计算题

✓　**家长帮助孩子复习计算规则**

数字计算需要遵循计算程序并反复练习

学好数学需要三大基本能力。

第一是计算能力，第二是理解能力，第三是看图能力。

接下来，我首先要说明的是如何提高孩子的数学计算能力。

简单来说，孩子擅长计算意味着其能够遵循程序。当然孩子需要反复练习才能顺畅地进行计算。

然而，如果盲目地按照错误的程序一遍又一遍地做计算题，只会导致更多的错误。例如，如果孩子被要求进行加法和乘法的混合运算，而他并不知道应该先算乘法，那么无论他重复做多少次计算题，都不会得出正确答案。努力做题而没有收获好的结果，孩子可能会认为自己无论如何也做不对，从而不想继续做题。

做计算题时，关键是要确认和理解正确的计算规则和相应的计算步骤。

然而，即使确认了规则，也并不意味着孩子可以立即顺利地解题。家长应该陪孩子练习一些计算题，如果在这期间发现孩子对于规则的理解模糊不清，或者在做题的过程中忘记了规则，那就需要重新复习计算规则。

计算能力不仅对计算题的解答非常重要，应用题和几何图形题也都需要进行计算。换句话说，计算是解答任何数学题都需要的能力，所以一定要好好培养。

重点！

▶ 先复习计算步骤，如"加法和乘法先算哪个"等，之后再进行一定的练习。

SAPIX 式　　**如何培养数学优等生 4**

如何为不擅长单位换算的孩子提供有效建议

✕ 购买单位一览垫板

✓ 邀请孩子一起做饭

亲身体验的学习效果最好

SAPIX 小学部有孩子使用带有单位一览表的垫板，垫板上通常都印着"1 千升=1000 升""1 公顷=10000 平方米"等。单位是孩子在数学学习中的一大难点，因此让他们经常接触单位非常重要。

相比单纯地记忆，现实生活中的运用体验对孩子学习单位更加有利。

家长可以鼓励孩子下厨，让他们亲自去称食材的分量并进行烹饪。家长可以拿着菜谱，问孩子："这里写的是两个人的分量，但我们是四口之家。所以你认为我们应该放多少？"，并要求他们进行计算。

如果家里有弟弟或者妹妹，家长还可以问孩子："要放多少才够 3.5 人吃？"

孩子习惯做饭后，家长可以尝试提高问题的难度。

例如，家长可以和孩子一起看调味汁的调制方法，并与其讨论"我们用不了 300 毫升，要是只需要 100 毫升，那每种调味品需要各放多少呢?"

有些家长可能会在孩子放错调味品时，斥责道:"别放那么多!"但如果家长总是以这样的方式与孩子相处，他们将不愿意再参与做饭。

即使孩子做的菜很辣，那也没有关系。家长可以在吃的时候笑着说"这太辣了"。如果认为孩子可能会出错，那么家长可以只让孩子称量其中一种食材，一旦顺利完成，家长会感到幸运，这种心态将有助于家长平静地陪伴孩子完成体验。

此外，"把一个蛋糕切成六块"的经验也很重要。孩子可能会边切边想如何将蛋糕分成六个相等的部分。如果喜欢蛋糕，孩子甚至会更加认真地切，以确保自己的那一份不会太少。

学习单位的另一个方法是家长在购买新家具或电器时，带孩子一起前往卖场。家长可以与孩子一起确认房间内可放置的家具和电器的宽度、高度和厚度，这应该会让孩子对毫米、厘米和米等单位有所了解。

如果孩子喜欢生物或家里饲养着生物，实际测量它们的尺寸也是一个很好的学习机会。若是再以此为前提进行知识扩展，研究同类生物的个体长度有多大差异，也会非常有趣。

采用这些方法的关键是家长要控制情绪，保持冷静，不要进行不必要的干预。例如，如果孩子对如何测量感到困惑，家长要做的只是在一旁陪伴着他们，直到孩子主动寻求帮助。

"速度"与其他单位稍有不同，针对这方面的问题，家长可以找一些房产中介的传单来给孩子看，对于传单上"从车站步行××分钟"的描述，带着孩子一起进行实地考察，确认该数据是否准确。通过这种方式，孩子将能够切实体会到无形的"速度"。

重点！

▶ 让孩子通过做饭时称食材和测量家具等的尺寸接触计量单位，积累计算经验。

▶ 让孩子切分蛋糕。

SAPIX 式　　如何培养数学优等生 5

如何培养解答应用题和几何图形题的能力

✕ 为孩子提供帮助时，告诉他们"按我说的去做"

✓ 为孩子提供帮助时，问他们："如何快速准确地完成？"

想让事情变得更容易并没有错！

应对数学应用题的关键是要培养孩子的理解能力。

假设有这样一道数学题："太郎每分钟走 70 米，小遥每分钟走 110 米，两人分别从自己家出发前往车站。太郎离家四分钟后，小遥也开始向车站走去。小遥离开家后，会在多少分钟后追上太郎。"

只有先确认解题所需要的信息，之后再从题目中提取相关要素，才能顺利解答这道题。

不仅是应用题，解答几何图形题时也需要孩子具备理解能力。

解答几何图形题时，重要的是要制定答题策略，例如："仅凭这些信息很难求出面积，首先，我应该思考如何计算出垂直方向的长度，有了这个数据，自然就可以求出面积。"

用成年人容易理解的术语来说，这种理解能力其实就是"逻辑思维能力"。向小学生说明时，家长可以将其解释为"如何能让事情变得更容易"。

能够走捷径或省略步骤的孩子，更有可能具备以逻辑思维解决问题的能力。换句话说，在如何使事情变得更容易的问题上反复试错，将有助于提高孩子的逻辑思维能力。

当然，并不只有练习数学题能培养这种能力。

在孩子帮忙做家务时，家长不应该说"照我说的那样，一件事一件事地仔细去做"，而是要问孩子"你认为我们应该按什么顺序做?""我们怎样才能早点完成，然后赶紧出去玩?"鼓励他们思考。

想办法找到高效方法的过程可以培养孩子的逻辑思维能力。

重点！

▶ 鼓励孩子思考如何做家务更有效率。

SAPIX 式　　如何培养数学优等生 6

孩子无法按照自己制订的计划执行该怎么办

✘ 不做任何改变，给孩子打气，继续按原计划推进

✔ 孩子的计划可能会出错，应该每周回顾并做出改变

审核计划本身就能培养数学能力

计划管理有助于提高解答数学应用题和几何图形题所必不可少的逻辑思维能力。

假期进入倒计时，面对漫长的假期，孩子可能要计划自己的学习和生活。但孩子总是无法按自己制订的计划执行。这是因为在大多数情况下，孩子的计划会涵盖过多的内容，最终导致无法如期执行。

人们总是无法按计划行事，即使是成年人也不例外。不习惯做计划的人也许会在制订工作计划后感慨："为实现这个目标，我必须连续三天熬夜……?"

换句话说，计划并非都能够落实。

所以如果孩子没能按照自己制订的计划坚持执行，家长不能因为孩子做不到而感到沮丧，或责备他们"没有按计划完成!"，而是应该每周都与孩子一起审核之前制订的计划。

如果切实体会到了"洗澡后没有时间看语文书"，孩子就可以结合自己的情况，制订一个更符合实际的计划。这不仅能让孩子按计划学习和生活，还能大幅提升他们的逻辑思维能力。

如前文所述，即使是成年人也很难遵守计划，同样，所有孩子都几乎不可能在小学阶段就做到完美。

比起遵守计划，引导孩子定期审核自己制订的计划，并思考如何更有效地学习，更有助于培养他们的组织能力和思维能力。

重点！

▶ **应定期审核计划，培养孩子的数学逻辑思维。**

SAPIX 式　　**如何培养数学优等生 7**

如何为不擅长几何图形题的孩子提供有效建议

✕ 建议孩子自己玩折纸和拼图

✓ 陪孩子一起玩折纸或拼图

从小玩图形游戏

有些孩子擅长计算题，但不太擅长几何，或者会做应用题，但感觉图形题非常棘手。事实上，计算题、应用题及几何图形题需要不同的能力。

能否在小学三、四年级时擅长几何图形题，关键取决于孩子在托儿所、幼儿园以及小学一二年级时接触图形游戏的程度。

大家都知道，图形游戏的典型代表有折纸和拼图等。家长也可以和孩子一起玩，年幼的孩子不能按照样本折叠也没关系，重要的是在游戏的过程中认识、接触不同的形状。

此外，益智积木等玩具也可以培养孩子的立体感。从小接触乐高①、麦格弗②等有助于培养孩子对于形状的认知。

---

① 乐高（LEGO），创立于 1932 年，公司位于丹麦，是全球知名的玩具制造厂商。
② 麦格弗（Magformers），韩国的磁力片玩具品牌。

　　然而，家长不能只是把这些玩具买回家。仅仅把乐高和麦格弗的零件放在家中，并不能培养孩子的立体感。家长可以一边看说明书一边和孩子一起将零件组装起来，共同体验拼装的乐趣。

　　与家长一起行动，孩子自然会对立体和形状产生兴趣。

　　漫画《鬼灭之刃》①火遍日本小学。看过的人都知道，主人公灶门炭治郎②身上的那件和服上衣的主要元素为棋盘格。仔细观察后可以发现，所谓棋盘格，其实就是很多正方形组合在了一起。

　　然而，有的孩子只是看一眼就会对这样的图案很感兴趣。像这样天生就对基于形状的图案具有洞察力的孩子，往往都很擅长几何图形题。

　　此外，传统花纹样式也是让孩子对图形产生兴趣的一个很好的切入点。家长可以和孩子一起分析图案，例如问："这个图案是由哪些形状组成的？"

___

① 《鬼灭之刃》是日本漫画家吾峠呼世晴所著的少年漫画，自 2016 年 2 月 15 日至 2020 年 5 月 11 日在集英社《周刊少年 Jump》上连载。

② 灶门炭治郎是漫画《鬼灭之刃》及其衍生作品中的主角。

从进入小学三四年级并意识到要开始准备小升初入学考试时起，大量练习几何图形题会对孩子的学习很有帮助。

几何图形题有规律可循，所以即使是不擅长几何图形题的孩子也可以通过练习固定题型来提高解题能力。因此一定要加强练习，以确保孩子在做几何图形题时能自信地说"我见过这个题型"或"我以前做过类似的题"。

熟悉图形的孩子确实能更快地掌握出题的规律。出于这个原因，如果家长能在孩子小时候就重视多陪其玩与图形有关的游戏，将对孩子的数学学习非常有利。

重点！

▶ 通过手工折纸、拼图和传统花纹样式等，让孩子多接触形状，提高对几何图形的认识。

SAPIX 式 | 如何培养数学优等生 8

孩子喜欢数学但成绩很差该怎么办

✕ 对孩子说"你离目标还差 40 分"

✓ 询问孩子"怎样才能得到 70 分？"

喜欢数学，并不代表孩子一定能考高分

对于那些对数学感兴趣但成绩很差的孩子而言，重要的是，不能让他们失去对数学的喜爱。

在这种情况下，关键是不要过于纠结孩子得了多少分。例如，你会对一个在满分 100 分的考试中取得 60 分的孩子说"你离 100 分还差 40 分"吗？

如果家长以这种方式与孩子相处，他们便会对喜欢数学但总是不能取得好成绩的自己感到失望。

此外，孩子很快就能认识到家长对自己的期望是什么。他们会认为"爸爸妈妈认为我'应该会考一个不错的分数'，但结果并未如他们所愿"，从而深陷痛苦之中，不能自拔。

热爱数学的孩子通常都对自己有着很高的期望，所以如果他们一而再地"失望"，就会在脑海中逐渐形成一种"因为拿不到高分而不喜欢数学"的观念。因此，家长要记住：对于孩子喜欢的事情，千万不要打击他们的积极性，而是一定要给予其正能量的肯定和支持。

我要再次重申，家长务必给予孩子支持，以确保他们不会失去对数学的热爱。要做到这一点，家长应转变"既然喜欢，就应该考取高分"的观念。

具体来说，家长可以对考试只考了 60 分的孩子说："你这次考了 60 分呀，如果再答对一道题，你就能得 70 分啦！""你得了 60 分呀！要是做对这道题，你就能得 80 分了吧？那么，我们一起努力，争取下次达到 80 分，好不好？"

重要的是要引导孩子去思考在考试中取得好成绩的方法，而不是对他们的分数做出评判。

为学好数学，必须脚踏实地地付出努力，如反复记忆公式和练习计算。只要不失去对数学的热爱，孩子就会为数学而付出努力。

重点！

▶ 肯定孩子的考试成绩，引导孩子思考并采用可以提高学习成绩的方法。

SAPIX 式　**如何培养数学优等生 9**

对不理解的内容应彻底重新学习吗

✖　重新学习之前学过的所有内容

✔　只重新学习重要的内容

孩子一定会有不理解的知识

看孩子的数学试卷时，家长可能会意识到他们还没有掌握某些基本的数学知识。

如果发生这种情况，无须惊慌。小学生对基础知识掌握不牢固的现象很常见。

例如，如果发现小学四年级的孩子不会乘法口诀，家长会因为不知道如何处理而感到沮丧，对此我完全可以理解。在这种情况下，家长可能会发脾气并斥责孩子："连这个都不会，你怎么能学好数学？！"

然而，如果家长可以让自己保持冷静，便会发现，因为孩子不理解知识点而批评、指责他们没有任何意义。

家长需要做的是确认孩子没有掌握那些知识点会对学习产生多大的影响，如果有必要，就引导孩子回过头来重新学习。

例如，乘法口诀一般用于两位数的计算，和计算面积的题目。所以如果没有掌握乘法口诀这一基础知识，孩子几乎无法顺利解答所有的计算题。

对于对后续学习影响较大的知识点，家长应该认真引导孩子重新学习并加深理解。

然而，并不是所有知识点都需要重新学习。

特别是在小升初时期，如果只关注孩子有哪些知识还没有掌握，只会让人心慌意乱，满脑子都是"那个还没有记住！这个还不明白！"

没有完美的孩子，也没有完美的教育，任何一个孩子都不可能掌握自己过去学过的所有知识。坦率地说，如果只关注孩子在学习上的不足，家长的育儿之路将永远看不到尽头。

如上所述，对学习影响较大的知识点需要重新学习，但家长可能很难判断究竟哪些内容会对孩子今后的学习产生影响。

最好的解决办法是与孩子的小学教师谈一谈。通过与专业人士合作来制定对策，家长便可以判断是否需要让孩子重新学习相应的知识点。

重点！

▶ 关于孩子没有掌握的知识点，应重新学习对后续学习有较大影响的内容，如乘法口诀。

▶ 家长应该与孩子的教师沟通，以确定某个知识点是否需要重新学习。

SAPIX 式　如何培养数学优等生 10

如何学好数学

✗ 鼓励孩子认真做题，避免出错

✓ 主动告知孩子：做数学题就像玩游戏一样，可以出错

害怕出错的孩子很难学好数学

能把数学当作游戏的孩子往往都会对数学题感到痴迷。

不害怕失败、敢于试错的孩子，往往都能学好数学。可以说他们具备了第 93 页介绍的"通过学习数学培养的能力"之一——试错力。

相反，因为不想出错而止步不前的孩子常常无法顺利地解决数学问题。"顺着这条路一直走，就一定能到达山顶"，这种只有明确了路线才能开始行走的孩子，很可能对数学抱有不擅长意识。

然而，当把数学看作游戏时，孩子就不太可能陷入"为什么规则是这样的？""这种状态永远不会发生"的思维怪圈。

例如，你是否思考过："为什么在做分数除法时要用被除数乘以除数的倒数呢？"这个问题的答案非常简单，那就是分数除法本来就应该这样算。

此外，当应用题中出现"以每小时 60 千米的速度行进了 3 个小时"时，如果过于纠结"不可能以这个速度行进"或"不可能一直是这个速度"，孩子将无法顺利解题。

即使认为"这不可能发生"，也要客观地看待，并告诉自己"这只是个游戏"或"规则就是这样"，在这样的思维下，孩子就能继续轻松地解题。

重点！

▶ 不要担心答案是对还是错，把数学当作游戏，享受解题的快乐。

▶ 告诉孩子，"试错"很重要。

专 栏

小升初"数学"命题趋势

由于不能给小学生出以数学知识为前提的题目，命题人也就很难扩大试题范围，因此，从近年来的小升初数学考试题中看不出什么趋势，甚至毫无趋势可言。

在大多数情况下，小升初数学题都是"对往年真题的轻微改编"或"不同题目的结合"。

换句话说，如果孩子能熟练解答往年真题，就不会在小升初数学考试中碰壁。即使不擅长数学，只要付出努力，任何人都能考个好成绩。

二十年前，曾有人说小升初入学考试的结果取决于数学。因此，的确有一些辅导机构会告诉不擅长数学的孩子小升初入学考试对于他们来说很难。

但现在的情况与当初完全不同。

以命题趋势不会有重大变化为前提，我将围绕以下三类题型做出具体介绍。

① 考察思维能力和表达能力的题目

一流中学很久以前就已经在考题中融入了此类题型，即使是中等水平的学校，现在也经常出一些考察思维能力和表达能力的题目。例如，题目中写有"次郎曾通过这个方程式来解题"，而考生则被要求"解释这个方程式的含义"。这就是一道需要考生真正理解并能用语言表达的题目。

② 表格数据分析题

现在可以看到很多在题目中附有表格和数据的数据分析题，如"有什么规律""中位数是几""众数是几"等。

③ 编程题目

虽然编程还不能算是一门学科，但编程教育已经被纳入日本小学教学范畴，例如："向机器人发出指令 A 时，它会这样移动。那如果向其发出指令 B，会发生什么？"

然而，考查这种新题型的学校数量并未激增。在这个阶段，大多数题目并不需要很强的思维能力，通常只会要求考生简单解读"这个数据意味着什么"或"执行这个程序后会发生什么"。

换句话说，勤奋地练习常规题目比花大量时间在②和③这样的题型上要重要得多。

第四章

如何培养社会学科优等生

社会学科不能仅靠背诵

我经常听到"社会学科是记忆类学科"的说法。

但是真实情况是这样吗？

无论从历史还是地理的角度来看，社会学科确实有很多东西需要记忆，但如果只是记忆，就很难在社会学科的学习中找到乐趣若是还想以此来提高学习能力，则更是天方夜谭。

SAPIX 小学部负责社会学科的教师加藤宏章说："学习社会学科，目的不是记住它，而是获得工具"。

社会学科可以培养孩子对世界的洞察力。

为了理解社会上每天都在发生的事件，并思考为什么会发生这种情况，孩子需要掌握各种知识。例如，想了解物价上涨这一现象的背景并思考对策，需要在大量知识储备的基础上进行综合研究。

换句话说，学习社会学科的目的并非记忆知识，而是学会在遇到事情时应该如何思考。

那么，为培养社会学科学习中所需要的"思维能力"，家长和孩子之间的互动方式需要有哪些呢？

我曾向加藤老师询问通过学习社会学科培养的能力，和可以使社会学科成为孩子所擅长科目的家庭实践活动，我将在本章中就相关内容进行介绍。

帮助孩子拓宽视野和开阔思维

想确保孩子不是只通过记忆来学习社会学科，关键是要将孩子们的生活经历与他们在社会学科中所学到的知识联系起来。

例如，在逛超市时，家长可以问孩子"为什么这件商品的价格比一周前高？"并试着和孩子一起思考答案；或者在旅行时，家长可以和孩子一起比较当地与自己所居住的地区有何不同。这些方法不仅可以帮助孩子丰富人生经历，还可以借此机会不断向他们抛出各种问题，以鼓励孩子用自己所掌握的知识去思考。

一旦意识到"思考需要基于相当程度的知识""知识改变了自己看待世界的方式"，孩子就不会再认为社会学科是只需要"死记硬背"的学科。

此外，虽然社会学科的学习内容没有所谓明文规定，但我们的日常生活与其息息相关。可以说，社会学科的学习广泛存在于家务、社区活动、电视内容和孩子们的游戏当中。

孩子每天都会有新的发现并提出问题，这时家长需要做的是对他们的提问给予回应，为其提供思考素材，引导他们进行更深入的挖掘。

对于孩子所提出的问题，家长不用着急给出答案。

换句话说，在学习社会学科的过程中，重要的是家长要引导孩子进行不同的体验，帮助他们拓宽视野、开阔思维。

地理和历史分不开

有时家长会说孩子擅长地理，但历史不太好。

然而，加藤老师说："历史、地理不分家。所谓地理，实际上只是历史中的一个新篇章。"学生可以通过地理学习到世界各国和日本不同地区的文化与地形。而文化萌芽于历史背景，地形的形成也与历史气候等的波动变化和人们的活动有关。

换句话说，历史和地理是两个相互关联、相互影响的学科。

出于这个原因，本章并没有将历史和地理分开阐述。

包括地理与历史在内的社会学科的学习，其关键是要培养孩子的求知欲和思维能力，开阔他们的视野。

通过学习社会学科培养的能力

如字面所述，社会学科就是"以社会为主题的学习"。

因此，孩子可以在社会学科的学习中掌握与社会生存直接相关的各种能力。

以下便是可以通过社会学科培养的两大能力。

☆ 能力 1
重视不同价值观的能力

　　学习社会学科时需要学生站在各种角度进行思考，这会让他们逐渐具备认同各种思维方式和价值观的能力。

　　未来社会将解锁全球机遇，孩子将有机会在全球各地开展活动。

　　此外，即使身在母国，知道如何与不同文化背景的人打交道也很重要。

　　学习社会学科是培养这种能力的非常有效的途径。

☆ 能力 2
检验假设的能力

　　世间的问题都没有绝对的答案。家长要允许孩子犯错，因为孩子只有学会"试错"，才能探索出对大多数人有利的解决办法。

为寻找更好的解决方案，人们首先需要提出一个自认为有利于事态发展的假设，并通过沟通和尝试来深化自己的思考。

这样看来，对于社会问题而言，社会学科可以说是培养检验假设和探索能力的最佳途径。

SAPIX 式 如何培养社会学科优等生 1

如何让社会学科融入孩子的生活

✕ 备齐地球仪、地图和历史漫画

✓ 带孩子散步和旅行

制订户外亲子活动策划方案

正如我在本章开头所提到的那样，社会学科是学习"社会"知识的学科，因此必须摆脱"只靠死记硬背就能学好"的思维模式。

准备地图、地球仪和历史漫画等用于社会学科学习的资料固然重要，但更重要的是，家长要鼓励孩子"走出去"，引导他们去发现问题和提出问题。

例如，家长可以带孩子在家附近散步。

家长要经常引导孩子观察平日里未曾注意到的坡道、河流和池塘等的地形差异。如果所处地区的坡道较多，那家长可以尝试与孩子一起思考为什么这里会形成如此多的坡道。如果身边有河水流过，也可以观察河水从哪里来、要流到哪里去，以及河流与流域有哪些主要特征。

另外，如果在散步时看到一座老房子，家长也可以引导孩子看一看它的建造方式与公寓相比有什么不同。

老式房屋通常都有"屋檐"。夏季，屋檐可以遮挡阳光，而到了冬季，它则有助于阳光射进房屋。如果家长和孩子一起关注这种独特的房屋结构，对孩子来说是这将是一次有趣而难忘的经历。

旅行也是培养洞察力和发现能力的有效途径。

驾车穿越山区时，通常都会经过隧道，你是否也曾感叹："隧道两侧的天气竟然完全不同！"在这种情况下，家长可以与孩子一起思考天气变化的原因。

此外，如果去高原玩，可能会吃到高原蔬菜，所以家长可以问孩子："高原蔬菜在什么样的环境下生长？"事实上，高原蔬菜的生长环境不只是高海拔那么简单。如果家长能和孩子一起思考高原蔬菜生长在高海拔地区的何种地形，他们的理解就会更加深刻。

旅行中，可以注意到的事情还有很多。例如，在看见山区的梯田时，家长不能只把注意力停留在欣赏风景上，还要引导孩子思考这里的农人务农时有什么困难。比如说，家长可以随口说一句"这里很难使用农业机械"，以此打开话题。

如果对家长的新提问有所了解，孩子可能会说："我在课堂上学过这个知识！"

以这些方式让社会学科融入生活，再遇到问题时，即使孩子并没有掌握相关知识，应该也会说"我要查一下"并采取行动，或做出"也许……"的假设。

这些宝贵的经历都有助于社会学科的学习。

如果想不出合适的亲子活动策划方案，家长也可以通过攻略类书籍和旅行指南来寻找灵感。

基于固有的年龄段特征，许多孩子到小学四、五年级都会喜欢和家长一起出去玩。这正是让孩子真实体验并帮助他们爱上社会学科的好时机。请家长务必尝试和孩子一起走出家门，共同参与到户外亲子活动当中。

重点！

▶ 社会学科是与外界相联系的学科。家长可以引导孩子在散步和旅行中增长见闻并发现问题，体验社会学科的乐趣。

SAPIX 式 　如何培养社会学科优等生 2

如何培养孩子学习社会学科的兴趣

✖ 向孩子推荐地理和历史图书

✔ 孩子可以阅读自己喜欢的书籍，无论是绘本还是轻小说

学会如何与孩子相处，比为他们做什么更重要

第二章（如何培养语文优等生）中也介绍了阅读的重要性，事实上，阅读也是学习社会学科的一个重要途径。正如上一节所阐述的那样，通过户外活动，孩子会有所发现并形成社会视角，而阅读往往也能以同样的方式激发孩子对社会学科的兴趣。

因为无论读什么书，孩子都会有一些领悟，从而形成社会视角，所以我并不会特别指定孩子应该读哪本书。家长也不应该把孩子的阅读范围局限于绘本、小说、漫画等类型的图书，而是要让孩子选择自己感兴趣的各种书籍，从而拓宽他们的视野。

SAPIX 小学部以前有一位学生读过很多轻小说，我觉得他的语文很好，并且拥有独特的社会视角。阅读会积累各种经验，帮助孩子打好学习基础。

孩子们不需要看难以理解的图书，哪怕是只看绘本也完全没有问题。

例如，《日本的河流》系列绘本（[日]村松昭，偕成社）。书中绘有从河流源头到河口的鸟瞰图，并附有解说，内容非常有趣。这部绘本能让孩子有所收获，并且有可能对社会学科产生浓厚的兴趣，比如他们有可能会在看过之后感慨："我好想去看一看这条河啊！"当然，亲临现场后，孩子可能还会有一些新发现。

尽管如此，家长依然要记住，育儿的基本前提是，要学会如何与孩子相处，这比为他们做什么更重要。

基本上，即使家长不提供任何物质，孩子也会对日常生活中的许多事物感兴趣。

在与孩子相处的过程中，最重要的是，当被孩子问"为什么"时，家长应该及时给予回应。至少，不要否定孩子善于发现的意识。

重点！

▶ 让孩子选择自己想读的书籍，并重视他们从中得到的经验和启示。

SAPIX 式 | **如何培养社会学科优等生 3**

如何面对孩子质朴的提问

✕ 认真地回答孩子提出的所有问题

✓ 家长不需要回答孩子提出的所有问题。即使不理解，也要一起思考并展开对话

聪明的家长从不给孩子解答

第四章（如何培养社会学科优等生 1）中，我曾介绍，散步和旅行是将社会学科融入生活的有效方式。但家长不能只是单纯地带孩子去散步或旅行，重要的是要重视孩子外出时的发现意识，并与其进行对话。

尽管小学三四年级的孩子略显稚嫩，但他们已然到了可以消化自身经验的成长阶段。小学一二年级时，大多数孩子往往会以"很有趣"或"很无聊"来形容对自身经历的印象，但进入小学中年级后，他们将能够具体谈论什么有趣和哪里无聊。

这时，拓宽视野将非常有效。

孩子在出门时对什么都好奇，会提出各种问题。坦率地说，从家长的角度来看，孩子的提问可能都很"愚蠢"。所以家长在无暇顾及时，可能会十分疑惑，不明白孩子为什么会有这样的想法。

　　然而，如果家长可以尝试回想一下自己的童年，就会有意识地去观察孩子在关注什么，并及时对他们的提问给予适当的回应。

　　对于孩子所提出的问题，家长也不一定知道正确答案，因此，家长可以回应"我们一起查一查"或"我们一起想一想为什么会这样"，这将有助于提升孩子对学习社会学科至关重要的"检验假设的能力"（第 143 页）。

　　家长可能会问："大人真的不用告诉孩子答案吗?"如果家长回答了所有的问题，孩子将失去自己思考的机会。孩子知道答案后就会感到满足，从而无法提升检验假设的能力。

　　当然，尽管前往图书馆查询文献资料也是非常好的学习方法，但重要的是要让孩子拥有检验是否能用自己所掌握的知识解决问题的试错经历。

　　调动所有知识进行假设的经历通常都非常难忘，经过检验的知识也更容易被记住。在 SAPIX 小学部的课堂上，教师也经常适度地提出一些让学生感到困惑的问题，这样他们才能获得学习的机会。

　　家长应倾听孩子在散步或旅行时的发现。之后，还要和孩子一起尝试找出不明白的地方，并对此做出假设，进行思考。只有反复进行这一过程，孩子的社会学科能力才能得以提高。

重点！

> ▶ 重视孩子的提问。
> ▶ 帮助孩子积累自行思考和解决问题的经验。

SAPIX 式　　如何培养社会学科优等生 4

帮忙做家务和学习，以何为优先

✕　与帮忙做家务相比，优先确保学习时间

✓　家务劳动也是一种学习，所以要把握二者之间的平衡

从身边的为什么出发展开思考

家长可以通过让孩子做家务来培养他们的社会视角。

例如，外出购物时，你是否注意到了几乎所有的便利店和超市都会采用相同的食材陈列方式？

超市入口处一定会放蔬菜和水果，再往里面是出售肉类和鱼类的生鲜区，卖场中间的货架上则陈列着零食与干货等。

如果家长以"为什么会这样布置"为探索的问题，和孩子一起观察店内陈列，并通过假设来揭示其奥秘，这将是一次非常有趣的体验。

通过这种方式，孩子应该会注意到"卖场的陈列方式也许是为了方便顾客购买"，这将有助于培养孩子在社会学科，特别是经济领域的独特视角。

此外，"街对面有一家便利店，为什么那家店没有倒闭？""为什么这块巧克力比较便宜，而那块却比较贵？"

等有关购物的体验对孩子来说就是一个"为什么"的宝库。

对于孩子提出的问题，家长可以回答"好吧，让我们来想一想"或"让我们来研究一下吧"，之后再做出假设并进行验证。

正如第四章（如何培养社会学科优等生3）中提到的那样，对于孩子的提问，家长并不一定要给出答案。享受假设的过程有助于孩子提高社会学科能力。当然，家长也应该尽情享受这个过程，不要给自己太大的压力。

关于家务劳动，有些家庭会让孩子负责把菜端上餐桌。你的孩子是否也问过你："摆放餐具时，为什么要把茶碗和酱汤放在固定的位置？"

这种意识也是社会学科学习的一部分。一位在 SAPIX 小学部就读的学生说："这样的摆放方式实际上并不便于进食。我真的很想知道为什么要这么摆放"，而这有时恰恰就是学习的原动力。

只有在迂回中学习才能体味到社会学科的乐趣所在。不断接触新鲜事物，并进行各种假设与验证，孩子将可以学到更多知识。

孩子知道得越多，求知欲就越强。反复进行这一过程，孩子对社会学科的学习自然也就能够得到深化。

> **重点！**
>
> ▶ 从购物和帮忙把菜端上餐桌等生活体验中提取孩子的疑问，与他们对话并做出假设。

SAPIX 式 | **如何培养社会学科优等生 5**

为培养聪明孩子，家长应与孩子进行哪些对话

✗ 谈论可能对孩子的未来有益的事情

✓ 家长可以坦率地说出自己喜欢什么或进行所谓经验之谈

没有和孩子互动的说明书

就读于 SAPIX 小学部的学生的家长经常问我："我知道跟孩子沟通很重要，但我应该和孩子谈些什么呢？"

寻找亲子互动说明书绝非明智之选。与其照着说明书说话，不如将家长自身的真实经历作为亲子沟通的话题。

每位家长的人生经历都不尽相同。例如，可能在一段时间内接触了自己喜欢的东西，或者涉足了各种感兴趣的领域，如音乐、旅游、阅读等。

所有的经历都是一种教育，而和孩子聊这些经历就是教育他们的机会。

因此，每个家庭的亲子沟通一定都不一样。

家长不必在亲子沟通上花费过多的精力，不必认为"我必须与孩子谈一些有用的东西"或"我必须和孩子说一些有利于学习的东西"。

如果家长爱读书，可以和孩子聊一聊自己读过的、觉得有趣的书，告诉孩子为什么自己觉得那本书有趣，以及具体是哪些内容有趣。如果家长曾在旅行中到访某个国家或地区，也可以和孩子对此展开交流。当然，亲子对话还可以涉及家长在工作中的一些经历。

我经常告诉家长，孩子的视野通常局限在两米的半径和两星期的时间内。

他们所看到的只是一个"小世界"，在其中很难感觉到时间的流逝，其视角也与成年人有很大的不同。

孩子无法想象其他国家或其他时代会是什么样子。这就是家长必须如实谈论自身经历的原因——为了让孩子了解与自身立场不同的观点。

家长可以抽出一些时间回顾并与孩子谈论自己的经历。这种看似随意的生活场景将有助于孩子了解对学习社会学科非常重要的不同观点。

重点！

▶ 家长应该多与孩子谈论自己的工作、旅行和爱好。

SAPIX 式　　如何培养社会学科优等生 6

是否应该让孩子与不同年龄段的人交往

✗ 只让孩子跟同龄人玩

✓ 创造机会，让孩子与不同年龄段和地区的人交往

与不同年龄段的人沟通，可以开阔视野，有效培养倾听能力

家长应该积极地与孩子进行有效沟通。

对孩子而言，与不同年龄段或地区的人交流的经历也非常重要。由此带来的学习效果主要体现在两个方面。

一是可以让孩子有更广阔的视野。

祖父母时代的常识和现在的孩子们所了解的常识之间有明显的区别。

真正经历过日本昭和时代的人和只从教科书上了解过昭和时代的人对于该时代的看法通常存在差异。所以，仅仅与这些人进行简单的交谈就能够让孩子改变观点，开阔视野。

另一个是可以帮助孩子学会倾听。

SAPIX 小学部有一些学生会在教师讲重要内容时去做其他事情。

如果没有优秀的倾听能力，孩子将会在学习中陷入困境。这不仅体现在社会学科方面，每个学科都是如此。

在进入小学高年级的全面学习之前，让孩子学会倾听非常重要。

同一年级的孩子们生活在相同的环境中，如果与同龄人相比，家长可能不会注意到孩子在倾听能力上与其他孩子之间存在差异。

但是当孩子走到外面的世界后，会与不同年龄段的人交流。有些家长可能会因此担心，到那时，孩子是否会遇到麻烦……

然而，与成长经历不同、拥有不同背景的人交流，的确有助于开拓孩子的视野。

与他人交谈并培养"倾听能力"对学习至关重要。

如今，与不同年龄段的人互动的机会正在减少，但如果家长发现当地正在举办某些仪式或志愿者活动，请尝试让孩子参加。家长应尽可能地让孩子有机会与各种人交流。

重点！

▶ 引导孩子参与当地举办的各种仪式或志愿服务，创造与不同年龄段的人进行交流的机会。

SAPIX 式 **如何培养社会学科优等生 7**

孩子专注于不太有用的东西该怎么办

✕ 督促孩子学习

✓ 问孩子"是什么吸引了你?"

沉浸在某事物中的经历将对孩子的未来有所帮助

面对自己热爱的事物，孩子通常都会全身心地专注于其中。很多孩子的记忆力会让家长感到惊讶，比如，记住某条铁路线上所有车站的名字、一种昆虫的很长的名字，或者对每一种"神奇宝贝"都了如指掌。

从一个成年人的角度，家长可能会担心："记住这些完全没用的东西不是在浪费时间吗？"但是，对于孩子而言，他们因此而拥有了沉浸于某种事物的经历。从长远来看，孩子从中获得的经验将在未来的日子里派上用场。

当孩子对某事物感兴趣时，他们就会自己主动研究，并尝试去了解它。而感兴趣并愿意研究和学习，对于社会学科而言非常必要。

研究自己真正感兴趣的事情，学习新的内容，并将这些知识应用到其他学习中……社会学科的学习正是在重复这一过程。

现在的家长和孩子都是"网络一代"。通过网络搜索，任何人都能很快找到自己所需要的攻略或者方法。在过去五年左右的时间里，越来越多的孩子希望能快速找到自己需要的答案，这或许就是互联网对社会的影响。

如果继续向前追溯，不难发现，在过去十年左右的时间里，越来越多的家长试图让孩子以最少的付出换来最大的回报。因此，通过网络信息检索获得成功的趋势也就愈演愈烈。

如果家长提前给出答案，孩子就会沿着既定轨道"超速运行"。然而，由于他们自身能力不足，通常无法靠自己的力量去克服"最后的障碍"。我见过许多以"最短距离"达成目标而实际能力却欠缺的孩子，他们最终一定会被经历各种泥泞坎坷后获得稳定成长的孩子所超越。

社会学科不是靠走捷径就能学好的学科，看似迂回的学习方法才最为重要。如果没有坚韧不拔的精神去自行思考并解出答案，孩子最终将会在竞争中被淘汰。

　　并非世上的每个问题都能立即得到解决。因此，投入到某事物中并获得知识以及独立思考的经历对孩子来说非常重要。

　　所以，如果孩子正热衷于某一事物，家长可以说："这个现在好像很流行啊！你能给我讲讲是哪一点吸引了你吗？"从长远来看，这样的经历一定会在孩子生命中的某一个时刻发挥积极作用。

重点！

▶ 通过看似迂回的方式来提高能力。

▶ 珍视孩子沉浸在自己喜欢的事物中的经历。

SAPIX 式　　如何培养社会学科优等生 8

孩子给出的答案很奇怪该怎么办

✖ 笑着说"这不可能"

✔ 了解孩子为何会给出稀奇古怪的答案

家长不要否定孩子的奇思妙想

孩子在学习中会提出许多奇特的问题。

例如，在 SAPIX 四年级的课堂上，学生会开始学习在同一块土地上种植不同的作物可以实现一年收获两次的相关知识。教师在前一周给他们讲过日本的可耕地数量很少，所以问道："那么，如此小的耕地面积，我们能做些什么来增加收入呢？"之后一位同学说："可以建两层的田地。"对此，大家吃惊得面面相觑。

如果遇到这种情况，家长千万不要说"不可能"。

听到那位同学的回答后，教师试探性地问道："两层的田地？你这个想法不错，但这样的话，第一层将会无法照到阳光，这该怎么办呢？"另一位学生回答说："可以开灯啊！"这时，又有一位同学说："但是阳光和照明不一样吧？"就这样，学生们展开了激烈的讨论。

最后，一位擅长科学的学生说："这个世界上有各种各样的灯泡，所以我们应该能够制造出像阳光一样的灯光。"事实上，现在的确有工厂在室内种植蔬菜。

如此可见，只要不予以否定，孩子们将可以拓展自己的知识面，加深对学习内容的理解。

虽然孩子的奇思妙想乍听起来很牵强，但是家长也要及时给予他们回应，问一问孩子"你为什么这么想？能给我讲一讲吗?"，这是培养探索精神的重要途径之一。

如果以某一事物为出发点进行知识的多样化扩展，可以巩固思维能力，从而提高学科能力。

重点!

▶ 家长千万不要否定孩子的意见，应该给他们说话的权利，问一问他们"你为什么这样想呢?"并鼓励他们去思考。

SAPIX 式　　如何培养社会学科优等生 9

如何引导孩子关注时事并分析问题

× 让孩子看电视新闻

✓ 和孩子聊新闻

让孩子知道不同立场下的思维方式存在差异

虽然孩子的成长存在个体差异，但在初中至高中阶段，他们都能够在一定程度上理解世界上发生的事情。

看电视新闻是了解时事、理解世界的绝好途径。

然而，对孩子来说，仅仅观看新闻很难激发他们的兴趣。重要的是家长要在家里和孩子聊新闻，将新闻和现实生活联系起来。

最近，电视上每天都在播放关于物价上涨的新闻。家长可以尝试抽出时间与孩子分享并且讨论这些新闻事件。

例如，家长可以与孩子谈论"鸡蛋涨价"这一社会现象，之后就"价格为什么上涨"与孩子一起探讨。当然，价格上涨可能与全球经济状况、货币波动等因素有关。

此外，SAPIX 小学部还会鼓励学生从多个角度看问题，以此来培养他们的逆向思维。例如，引导他们逆向思考——"从相反的角度看，导致这种现象的原因可能是……"，或告诉他们"世界上的各种事件之间通常都有着千丝万缕的联系"。

虽然颇具挑战性，但如果家长能在家里引导孩子从不同角度看待同一件事，将有助于提高孩子的理解能力。

以前面提到的"价格上涨"为例，家长要引导孩子不能只站在消费者的立场上看待这个问题，同时还要思考"超市里的工作人员如何考虑""产品摆上商店货架之前，都在哪里产生了什么成本"等。

需要注意的是，在以新闻为基础开展对话时，家长要尽可能地和孩子建立有效的沟通，调整自己的立场，不要抱有偏见。家长的言论若是存在偏见，实际就是在向孩子灌输偏见。

不过这并不意味着家长不能发表自己的意见。但是，家长最好告诉孩子："我是这样想的，但有些人并不这么认为。"

每个人都有其独特的思维方式。如果处于不同的立场，看待事物的方式也会完全不同。家长最好能围绕新闻与孩子展开讨论，引导他们从多个角度看待问题，开阔他们的眼界，给孩子留有思考的空间，从而养成让其受益终身的能力。

重点！

▶ 家长应该想办法和孩子聊新闻，把新闻与生活联系起来。

▶ 家长应该尝试引导孩子从多个角度思考新闻，理解不同立场的观点。

SAPIX 式　　如何培养社会学科优等生 10

孩子省略说话内容该怎么办

✕ 大概能明白孩子的意思，所以会主动理解

✓ 即使明白孩子想说什么，有些时候也要学会假装不知道

通过假装不理解来培养孩子的沟通能力

孩子们都知道，家长通常会主动迎合、适应自己，因此，他们常常会无意识地省略自己的表达。

他们可能会在想吃晚饭的时候说"饭"，或者在想让他人帮忙拿钥匙的时候说"钥匙"。总而言之，他们总是以极其简单的词汇进行所谓沟通。

未步入成熟阶段的孩子很难有逻辑地组织语言并进行表达，因此，在孩子年幼时，家长必须准确地了解他们的意图，并给予正确的引导。

然而，一旦到了小学中年级，他们就需要具备一定的逻辑能力，并且有效地向他人传达自己的意图。出于这个原因，即使在 SAPIX 小学部的社会课上，如果学生只回答一个词，教师也会要求他们进行具体阐述。

在亲子关系中，孩子通常都会得到家长的宠爱，因此，孩子在与家长进行沟通时往往会以"父母能够理解自己"为前提。家长应敢于"不理解"孩子，以此来锻炼他们的语言表达能力。

回顾前文的例子，如果孩子只说"饭"和"钥匙"，家长就可以问"饭怎么了？""钥匙怎么了？"，并告诉孩子"我不明白你的意思"。如果孩子利用家长对自己的宠爱而省略了一些表达，家长要正确引导，帮助孩子将自己内心的需求慢慢地、完整地表达出来。

拥有知识是一回事，能不能准确地将其传达给他人则是另一回事。无论是在日复一日地学习中，还是在生活中，培养表达知识的能力都非常重要。

此外，为找到恰当的沟通方式来让他人理解，人们通常会目的明确地展开思考，因此，努力以他人能够理解的方式进行沟通，也能培养思维能力。这种思维能力是所有学科的基础，并非仅限于社会学科。

获得知识后再提出问题的过程也与表达能力和思维能力有关。所以只要坚持练习，孩子终将具备受益一生的思考能力和表达能力。

重点！

▶ 如果孩子省略了自己的表达，请引导他们把需求阐述清楚。

专　栏

小升初"社会学科"命题趋势

　　小升初入学考试中的社会学科通常会以社会问题和孩子们的日常生活为基础进行命题。所有事物都有可能成为考试题材，所以家长绝不能认为"孩子不需要知道可能有不同看法的敏感问题"。

　　到了小学高年级，家长也要让他们面对和思考社会上的各种现象。

　　具体来说，以下三点是小升初社会学科考试中常见的热点话题。

① 当代社会问题

　　小升初入学考试中通常有许多涉及社会问题的题目。例如，关于媒体素养，也就是怎样在信息社会中有效利用信息而不被信息的洪流所淹没。

举例来说，曾经有题目问道："如今人们已经掌握了很多历史档案，但在使用的过程中要注意什么？"

这道题目考察的是，学生是否可以从"盲目相信所有信息非常危险"的角度来分析信息。

② 鼓励社会独立

在过去的一两年中，越来越多的私立中学开始在小升初入学考试题目中涉及因某些社会问题而凸显的差异性问题。这表明学校的意图是"希望了解现代社会现实的学生进入自己的学校"。

自从将拥有选举权的法定年龄调整为 18 岁以来，这一趋势尤其明显。初中一年级的学生将在六年后不得不作为主权者投出自己的一票。这种题目可能就蕴含着鼓励学生在社会上独立的信息。

③ 提高逻辑思维能力

在社会学科的考试题中，曾出现"双肩包有什么好处?"的试题。双肩包是小学生非常熟悉的一件物品。这道题目的参考答案是"双肩包可以让学生腾出双手，所以当他们摔倒时可以用手撑住地面……"，它所考查的是学生的逻辑思维能力。

在课堂上讨论这个问题时，孩子们提出，如果有可疑者抓住了自己的双肩包，自己通常可以轻松摆脱，因为，只需要一个动作就可以让身体与之分离；而如果是斜挎包，往往需要两个动作才能将包取下。他们说得似乎也有道理。

主观题会出现各种解答。如果阅卷人对考生答案感到满意，即使不是成年人认为的正确答案，学生通常也能得分。因此，从小培养孩子的逻辑思维能力很重要。

第 五 章

如何培养科学优等生

家长应该向孩子表达并且分享自己的喜好和兴趣

你对自然和科学现象感兴趣吗？

有些家长有时也会为观察稀有植物而停下匆忙的脚步，或者在观看有关太空的纪录片时忘记时间，有些家长甚至比孩子还要喜欢科学博物馆。充满好奇心的家长可以和孩子一起爱上科学，探索科学。

但要鼓励孩子去做他们本来就不感兴趣的事情，其实并不容易。

不过，家长的一句"有趣！"可能会帮助孩子主动爱上科学。

SAPIX 小学部的科学老师森本洋一说："如果想培养孩子的科学兴趣，家长自己首先要爱上科学，这很重要。"

的确，孩子通常都会关注自己最亲近、最爱的家长所感兴趣的事情。

　　然而，家长可能会因为忙于工作和生活而忽视自己感兴趣的东西。

　　在这种情况下，家长首先要做的是停下匆忙的脚步，把更多的精力花在自己的兴趣上。家长也许会意识到"我喜欢大自然，所以露营可能会很有趣"，或者"仔细想一想，我以前也很喜欢星星，很想再去一次天文馆"。

　　家长与孩子分享自己的"喜好"是帮助他们学习的第一步。

对科学的兴趣会增加"认识"

　　对科学的兴趣能让孩子从各个角度感受日常的体验。

　　例如，去旅行时，孩子可能会说"我从来没有见过这样的树！""星星多么美丽！""雪的质感完全不同！"等。孩子的新发现会在他们的脑海中积累，久而久之，他们看待世界的角度也会变得越来越不同。

所有学科的学习都不只局限于课堂。尤其科学是一门需要增加经历的广度和深度的学科。对于每一次经历，孩子都可以进行更深入的思考，例如，"我能利用自然界的这种机制来做有用的事情吗？"，或"国外发生了地震，我住的地方安全吗？我要去查一查"，并考虑如何有效运用知识来确保自己的安全。

深化和拓宽经验是科学学习的意义所在。

小学阶段是教育的关键期，家长可以和孩子一起郊游或去公园，从而获得更多经验，继而共同享受体验的过程。

我曾向森本老师请教了通过学习科学培养的能力，还有如何在家庭中让孩子喜欢科学，在本章中，我会围绕相关内容展开介绍。

通过学习科学培养的能力

科学优等生长大后会拥有什么能力?

"为什么会发生这种情况?"——剖析原因是科学的本质所在。

探索能力是应对社会挑战所必需的一项重要技能。

☆ 能力 1
逻辑思维能力

　　在日语中，"科学"学科被称为"理科"。顾名思义，科学是揭示客观事物"原理"的学科。

　　为深入学习科学，孩子不仅需要具备语文阅读理解能力和数学计算能力，有时还需要将其与社会学科相结合，以增加思考的深度。

　　这意味着，在科学学习中，孩子需要综合运用所有科目的知识。通过使用在各学科领域培养的能力，孩子可以有逻辑地揭开事物的"原理"。

☆ 能力 2
好奇心和探索精神

如果没有好奇心和探索精神，就无法深入理解科学知识。而学习科学可以培养好奇心和探索精神。

好奇心和探索精神不仅是科学学习的基础，还是在科学学习中最容易培养的品质和能力。

拥有好奇心是学习科学的第一步。一旦孩子的兴趣被激发出来，家长就要创造一个良好的环境，多让孩子自己探索。

重复这个过程，孩子的好奇心会越来越强，探索能力也会不断提高。

SAPIX 式 **如何培养科学优等生 1**

如何让孩子爱上科学

✕ 边散步边学习

✓ 和孩子一起快乐散步

不强制让孩子产生兴趣

亲近自然可以激发孩子对科学的兴趣和好奇心。例如，孩子只需在自家周边走一走，就会有很多新的发现。

无论是樱花盛开、柳枝摇曳，还是金桂飘香、大雪纷飞，每一个季节里孩子都会收获不同的惊喜。

家长可以激发孩子观察事物的兴趣，培养他们的观察力，例如，要求孩子观察草丛中有哪些昆虫，或者池塘和河流里有哪些水生物。

家长不应该以"希望孩子学习"的态度与他们相处，而是最好能像与朋友散步一样，通过"你想去看一看吗？"这样轻松的对话来邀请孩子一起参加户外活动。

在体验式学习中，孩子也许会不自觉地在图鉴中查找自己的发现，并在笔记本上做笔记。但是，科学学习没有必要拘泥于"学习模式"。

如今，人们可以使用智能手机应用程序轻松查询植物和动物的名称。查询时，家长不应让孩子直接查资料，而是可以通过"嘿！你觉得这是什么？这是一种形状非常有趣的植物呢"等语言来表达出自己对植物的兴趣。这十分重要，因为家长表现出兴趣后，孩子也会越来越感兴趣。

此外，用智能手机拍摄植物照片并对其进行观察或将拍摄的照片打印出来并进行装饰，抑或采摘鲜花制作押花等也非常有趣。

学习科学没有任何"必须……"的规则，所以家长要尝试引导孩子以不同的方式与大自然互动、玩耍。

如果能让孩子觉得"爸爸看起来很快乐"或"妈妈为之疯狂"，那么家长就成功了。家长一定不要错过这个时机，可以趁机问孩子："你想和我一起试一试吗？"

此外，孩子可能会问"为什么会这样？"或"这是什么？"。而思考"为什么会这样"的经历对于培养科学视角非常重要，因此，家长应该十分珍惜并认真对待孩子的发问。

即使孩子说"我思考过，但还是不知道"或"我思考了，并且也查过资料，但我还是不明白"，也没有问题。

家长要和孩子一起在点滴细节中不断积累经验，这将有助于培养孩子对科学的浓厚兴趣。

重点！

▶ 家长应对大自然感兴趣并享受其中。

SAPIX 式　　如何培养科学优等生 2

是否要带孩子去参观博物馆、科技馆等

✘ 参观有助于孩子学习的博物馆

✔ 参观家长自己感兴趣的博物馆

与孩子一起做准备可帮助孩子增强学习效果

　　家长和孩子一起参观博物馆和科技馆等也能培养孩子对科学的兴趣。然而，重要的是，家长自身首先要对博物馆的展览内容感兴趣。

　　家长可以对孩子说"妈妈对这个展览很感兴趣，你想一起来吗？"来邀请孩子一同前往。家长要尊重孩子的兴趣与选择，如果强加给孩子不喜欢的东西，只会适得其反。

　　在参观博物馆或科技馆时，请提前做好准备。如果把这看作"预习"可能有点令人生畏，但家长只要浏览一下计划参观的博物馆或科技馆的网站，并谈一谈自己的兴趣所在，就会对孩子的兴趣产生影响。当然，家长还可以与孩子一起阅读相关绘本和图鉴。

　　准备做得越充分，就越容易在实际参观时留下深刻印象。

　　然而，即使孩子真的去了博物馆或科技馆，他们也可能完全提不起兴趣。有时，原本以为孩子会喜欢的家长在看到这样的场景时，可能会突然感觉非常失落。

　　但孩子就是这样。这可能是由于博物馆和科技馆不适合孩子当下的成长阶段，或者孩子还没有足够的知识来培养此类兴趣爱好。

　　所以，我希望家长不要过于在乎此事，以"我自己很喜欢，所以没关系"或"也许应该等孩子长大一点再来"的心态面对即可。从这个意义上讲，也可以理解为：只要家长自己玩得开心就好。

　　我建议家长带领孩子多次参观同一个博物馆，这可以让孩子的记忆更加深刻。

　　参观一次博物馆或科技馆就能立即让孩子变成科学优等生的想法绝不可取。在第一次参观时，家长完全可以将其视为探路之旅，了解参观地是否有什么有趣的事物。

重点！

▶ 参观前简单准备。

▶ 多次参观同一个博物馆。

SAPIX 式　　如何培养科学优等生 3

如何引导孩子阅读科学书籍和图鉴

❌ 向孩子推荐家长自己没有读过的书籍和图鉴

✔️ 即使孩子对科学不感兴趣，也要在家里摆放一些书和图鉴

通过电视和图书创造有利于对科学产生好奇心的环境

老实说，我并不知道怎样才能激起孩子对科学的兴趣。因此，不如创设一个能够将科学融入生活的环境，为孩子对科学产生兴趣创造基础条件。

例如，家长可以在家里与孩子边看自然科学新闻或纪录片边谈论有关科学的问题。

例如，环境问题是在学校内经常讨论的话题，也时常出现在小升初入学考试当中。此外，随着环保青春力量在世界各地涌现，环境问题也成为了一个孩子很可能会感兴趣的话题。

另外，电视上经常会播放有关动物的纪录片和关于太空的专题片等。家长可以和孩子一起观看，并尝试针对其展开交流——"你觉得哪里最有趣?""好吧，我们去查一查，好不好?""……给妈妈留下了深刻的印象"。

把图鉴放在方便孩子查看的地方也是一个好方法，如此一来，他们想要查资料的时候，就能够立即进行翻看。

家长还可以从图书馆借阅科普类图书，并将其放在家中。家长读完书后可以对孩子说："这本书很有趣！"孩子或多或少会感兴趣。

向孩子推荐书时，重要的是家长应该事先阅读。因为如果家长不能就自己推荐的书与孩子进行话题分享，孩子将很难提起兴趣。

诚然，如果孩子可以在家中接触到与科学有关的事物，将更易于培养他们学习科学的兴趣。

然而，即便如此，有些孩子可能仍完全无法提起对科学的兴趣。对科学不感兴趣的孩子也不知道什么会激发自己对科学的热爱。但是，家长不能放弃，要尝试采取不同的方法。

正如我多次重申的那样，重要的是要牢记，兴趣的培养并非一蹴而就。也许只是产生兴趣的时机与所期望的有点偏差。

　　智慧的家长会从长远角度看问题，在家里创造更有利于孩子接触和思考各种科学问题的环境。

重点！

- ▶ 家长与孩子一起观看自然科学电视节目后进行交谈。
- ▶ 创造一种方便孩子随时翻阅图鉴的环境。

SAPIX 式　　**如何培养科学优等生 4**

如何让孩子对动植物感兴趣

✕　让孩子照顾动植物

✓　家长喜欢养动植物

可以捕捉昆虫并饲养几天

全家人一起养动植物也是培养孩子对科学的好奇心的好方法。

事实上，日常照顾动植物的工作会让孩子感到不堪重负。

培养孩子对动植物的兴趣，重要的是，家长要喜欢饲养动物和观察植物的生长。

养植物相对比较容易，家长不妨一试。例如，家长可以通过"长出了新芽"或"出现了漂亮的花蕾"等语言吸引孩子进行观察。

另外，打理菜园也是一个不错的方法。当把自己种植的蔬菜做成美味，并端上餐桌时，家长可以说："真好吃！这个菜种得真好！"这时，孩子也会对种菜产生兴趣。想培养孩子的兴趣，重要的是，家长要激发孩子想和大人一起打理菜园的热情。

此外，许多家庭都有饲养动物的愿望，但养狗或养猫绝非易事。

在这种情况下，家长可以与孩子一起在自家附近捕捉昆虫等小动物，饲养几天或一周，并进行观察。当然，家长和孩子一起享受与动物相处的温情时光的同时，也要与孩子约定在一定期限后将它们放生。

与动植物一起生活有助于孩子进一步认识、了解生物。

观察虫类时，许多问题都会随之而来，例如，"如何喂养它们？""它们需要多少水？""是否应该添加树叶和土壤？""虫子会睡觉吗？""是什么原因导致它们没有精神？"等。

观察后的发现和因此而产生的疑问将在孩子心中播下热爱科学的种子。

重点！

▶ 亲子共同享受养植物和打理菜园的乐趣。

▶ 捕捉昆虫，饲养几天，带着孩子一起观察一段
时间后再放生。

SAPIX 式　　如何培养科学优等生 5

如何将生物化学的学习融入生活

✖　不让孩子帮忙做饭或做家务

✔　每月安排两次"烹饪日"，与孩子一起享受烹饪的乐趣

与烹饪相关的题目频繁出现在小升初入学考试中

你有机会和孩子一起做家务吗？

如今，从未进过厨房的孩子越来越多。"孩子的任务就是学习和玩耍"似乎已经成了一条不成文的规定，因此他们没有那么多时间来做家务。

如果没有机会帮忙做饭，孩子就无法了解厨房里都有什么。

例如，许多孩子都不知道"味醂①"的存在，更不可能了解它的用途、味道和效果。原本在厨房中就能学到的知识如今已经很少为孩子们所知。

孩子帮忙做家务可以学到很多东西。比如说，洗衣服时会使用不同类型的洗涤剂。漂白剂、中性、碱性和不含

---

① 味醂（みりん），俗作味淋，是一种类似米酒的调味料。

合成表面活性剂的洗涤剂等，每种类型都有其不同的机理和用途。例如，"为什么碱性洗涤剂会产生……效果"，这本身就是一门科学。

烹饪与生物和化学领域等的科学知识密切相关。因此，烹饪可以说是培养科学兴趣和扩展知识的绝佳途径。

但是，每天和孩子一起做饭的确很难实现。家长可以专门在每月中挑选两日将其设定为"烹饪日"，并付诸实施。此外，家长和孩子一起动手做一道"挑战菜品"也很有趣。

将家务劳动变成趣味活动，能让孩子感到非常特别，并将其视为一次难忘的经历。

与烹饪有关的题目经常出现在小升初入学考试中。

其题目类型多种多样，例如，"三文鱼片是三文鱼的哪个部位？""对蔬菜烹饪后的状态与超市出售的加工前的蔬菜进行关联？""哪些是应季食物？"等。只见过处理和烹饪后的食材的孩子将无法解答这些问题。

由于工作繁忙，有时家长很难和孩子一起逛超市。虽然不一定每次都带孩子一起逛超市，但让孩子有机会了解超市的食品销售状态绝对是件好事。这样一来，孩子还可以对应季食物等进行确认。

> **重点！**
>
> ▶ 与孩子一起做饭、购物、洗衣等，加深他们对科学知识的理解。

SAPIX 式 　如何培养科学优等生 6

孩子做家务劳动时，家长需要为他们提供多少支持

✕ 家长在孩子没有求援的情况下提供建议

✓ 孩子帮忙做家务时，家长千万不要打扰

不干涉孩子试错和享受乐趣的过程

孩子天生就有很强的求知欲、好奇心。

家长为激发孩子对科学的兴趣而要求他们帮忙做饭或参与家务时，可能会为孩子做出许多提示，例如，"这样做会更快"或"这样做会更好"。但是，如果家长太急于介入，孩子就不会自己去尝试，探索精神也无法得到培养。换言之，如果家长做得太多，孩子将没有半点乐趣可言。

想激发孩子对科学的兴趣，家长只要在孩子提出要求时做出回应即可。

当然，家长必须阻止他们做危险的事情，但对于其他事情一定要采取宽容的态度。这样的话，即使孩子尝试失败了，他们的脑海中也会留下深刻的印象，从而帮助他们进行接下来的学习。其实，学习面对失败、学会积极正确地应对失败也是一门非常重要的课程。

　　如前文所述，培养孩子对科学的热爱必须从长远考虑。当然，其间也会不时地遇到一些挫折和困难，因此，家长需要放宽心，并且有足够的耐心。

　　要让孩子爱上科学，重要的是，家长不要事必躬亲，只需默默地给予他们密切的关注。一定程度上的"放养"，能够很好地满足孩子的好奇心和求知欲。

重点！

▶ 育儿过程中，除非孩子请求帮助，否则不要给予不必要的协助。

SAPIX 式　　**如何培养科学优等生 7**

如何在科学领域取得优异成绩

✕ 只对创造培养科学兴趣的机会感到满意

✓ 表扬孩子在对科学产生兴趣的体验中萌发的认识和疑问

表扬孩子的认识并让其巩固记忆

科学思维的养成并非一朝一夕之事。不存在"只要……就能 100% 学好科学"的说法，也没有适合所有孩子的万能妙招。

学习科学，关键是要有一双善于发现问题的眼睛。

到目前为止，我已经介绍了散步、参观博物馆和照料动植物等激发科学兴趣的活动，但这还远远不够。

想激发孩子学习科学的兴趣，重要的是要让他们带着"为什么"去亲身体验。

不过如果只追求体验，而没有融入情感去用心体会，孩子当时可能会想"原来如此"，但不会留下任何记忆。

为此，家长要和孩子互动，例如，捕捉孩子的疑问，分享自己的观点等。以这样的方式与孩子相处，将可以激发他们学习科学的兴趣。

表扬可以使孩子拥有良好的情感体验。"这个观点不错!""你竟然注意到了……""你观察到了每一个细节,妈妈都没有注意到!"……家长对孩子说这些话时,他们通常都会自我感觉良好。

虽然喜欢和擅长是两个完全不同的概念,但喜欢自己擅长的东西和擅长自己喜欢的东西都比较容易。

而且体验并非一次就够。正如我在前文中所说的那样,家长应该反复带孩子去同一个博物馆。要让孩子爱上科学,至少要在半年甚至一年以上的时间内持续付诸努力。

某些情况下,家长可能无法让孩子重复经历同样的体验。如果是这样,请在经历某些体验后的两周至一个月提醒孩子回忆。

家长可以向孩子提问,以唤起他们的记忆,如"对了,你还记得我们在博物馆里看到过恐龙吗?还有在海里游泳的恐龙呢!"

抛出问题给孩子会让他们反复回顾过去的经历,从而使记忆更深刻、更牢固。

重点！

▶ 与孩子互动，并通过"你观察得真仔细"等语言进行表扬，让孩子拥有良好的情感体验。

▶ 两周至一个月后，帮助孩子回想自己的经历。

小升初"科学"命题趋势

　　与各位读者参加小升初入学考试时相比，科学在小升初入学考试中的地位发生了重大变化。过去，曾有人说孩子可以在半年内提升科学成绩，但从近年的趋势来看，短时间内集中精力努力学习科学并不可取。

　　在小学低年级和中年级阶段，应该培养孩子学习科学的兴趣，为其长期学习打下基础，这一点非常重要。以下是近年来小升初入学考试科学命题的三大趋势。

① 与生活息息相关的题目

　　就像我在前文中所介绍的那样，越来越多的学校都会出与孩子们日常生活密切相关的题目，如做饭、洗衣服等。

除日常家务外，还会有一些关于事物机制的试题，如"为什么体温计会发热"等。

所以，善于从社会生活中发现问题并对其进行思考和研究的孩子，将有足够的力量面对小升初入学考试。

② 考查读取图示能力的题目

要求孩子阅读句子和图表等并回答问题的题目也很常见。

作为一个成年人，我们可以推测出题目所考查的是能否通过仔细阅读或利用图表来解决问题，但孩子很难做到这一点。即使是就读于 SAPIX 小学部的学生，有时也会在被问到"你读过题目吗？"时回答"这需要读吗？"

虽然学校和辅导机构可以教给学生正确的读题方法，但如果他们没有质疑和尝试理解自己所不了解的知识的态度，没有将知识与知识相结合的经验，那么无论如何学习读题，也都会在做题的过程中遇到困难。

解答此类题目时，重要的是要有前文中所描述的努力试错的经验。

③ 时事题

时事热点题在科学考试中也很常见。最近，与气候变化等环境变化及 SDGs① 相关的题目越来越多。

如果突然以"学习"的形式出现，孩子的确很难理解这些问题。从长远来看，家长最好能够鼓励孩子接触时事，例如，家长和孩子一起观看新闻并讨论等。

---

① SDGs，联合国可持续发展目标（Sustainable Development Goals）的英文缩写，是联合国制定的 17 个全球发展目标，在 2000—2015 年"千年发展目标"（MDGs）到期之后继续指导 2015—2030 年的全球发展工作。

第六章

如何面对小升初时期

如今的小升初入学考试并非仅靠死记硬背就能通过

最后一章中，我将介绍如何正确面对小升初。

本章内容可以说是家长必备的小升初入学参考资料。

暂时不需要考虑参考小升初入学考试的家庭也可能会想：这和我想象的不一样啊！现在的小升初考试是这样的啊！

正如我在本书开头所写的那样，SAPIX 小学部拥有大量考取以首都圈为中心的私立初中的案例。我曾就最近小升初入学考试的变化等问题再次与 SAPIX YOZEMI GROUP 的联合总裁高宫敏郎和 SAPIX 小学部公关策划部的广野雅明进行了交流。

他们异口同声地说："当今的小升初入学考试并不需要知识密集型学习，具备应用和运用知识的能力才最重要。"

以孩子们所不喜欢的"日元贬值和升值"的概念为

例，如果只是单纯地想要记住它们，孩子总是会记反。

因此，教师在给学生上课时，会引导孩子运用逆向思维，例如，"反过来说，日元贬值意味着外币升值。那从外国人的角度来看是怎样的呢?"这样就能对各种知识进行关联。

如今已成为小学生家长的各位读者在当时的小升初入学考试中遇到的题目大多是"选择正确描述日元贬值的一项"，或要求写出年份和人名等。当时的考试目的是考查记忆，只要记住，许多问题都能迎刃而解。

但现在的趋势已截然不同。

因此，本章将更新各位家长对小升初的认知。

SAPIX 式　　小升初时期的应对方法 1

家长的应试经验有用吗

✕ 通过"我参加考试时……"为孩子提供建议

✓ 家长和孩子一起轻松应对小升初入学考试

你是否在美化自己的考试记忆？

在 SAPIX 小学部学生的家长中，有不少人认为现在的孩子与自己上学时"相差甚远"。

我希望各位家长能停下来想一想，自己上一次参加考试是什么时候？是高考吗？还是中考？

无论是面对小升初入学考试，还是备战中考、高考，孩子在各个阶段的成长都存在着明显的差异。亲子的相处方式也完全不同。

例如，有人会说："即使家长平时并未加以督促，我也一直勤奋刻苦地学习，最终考上了理想的大学。"但是，如果以高三时的回忆去与一个小学生相比，那将是一件可怕至极的事情。你的孩子在备战高考的学习中也会有像你当时一样程度的独立性。

有些家长可能会说："不，我在用自己小升初阶段的回忆来与孩子相比。"也许我说得有点直白，可回忆的确都是美化后的产物。此外，由于时代不同，命题趋势和学习方法也发生了变化。所以，以当时的自己和现在的孩子进行比较毫无意义。

正如本章开篇提到的那样，如今身为家长的这一代人在参加小升初入学考试时，重点往往是背诵和记忆。但现在有越来越多的题目都在考查孩子的思维能力。从这一角度出发，无论家长的知识和经验有多么丰富，也不能让孩子照搬照套。

相反，家长和孩子都应做好准备，以开诚布公的方式共同学习，合作共赢。

重点!

▶ 家长曾经的考试经验对现在的孩子并没有什么帮助。家长应该忘记曾经，和孩子一起面对小升初入学考试。

SAPIX 式　小升初时期的应对方法 2

懒散的孩子不适合参加小升初入学考试吗

✕ 家长率先认定孩子不适合参加小升初入学考试

✔ 如果孩子自己想要去尝试，家长就应该给予肯定和鼓励，支持他们去挑战

只有在尝试之后才能判断孩子是否适合参加考试

很多事情只有尝试过才知道。有的家长会说"我觉得我的孩子非常懒散，现在还不适合参加小升初入学考试"，并向我征求意见。但说实话，关于是否适合参加考试，没有人知道正确答案。有些事情，如果不去尝试，就永远不会知道是否可行。

游泳之前，谁都不知道自己是否擅长这项运动。

唱歌之前，谁都不知道自己的音准如何。

复习备考也不例外。通常情况下，经常有人在尝试学习后发现，自己学得很快，而且非常喜欢友好竞争的环境。

家长总以为自己对孩子很了解，但实际上并非如此。家长和孩子的特点可能截然不同。许多情况下，家长只用自己的标准来衡量事物纯属浪费时间。换言之，家长在孩子还没有尝试考试之前就强行阻止，就是在扼杀孩子的潜能。

　　最初，孩子可能是因为"朋友在上培训班"或"看起来很有趣"等而对小升初入学考试感兴趣。但无论孩子的动机是什么，他们都有可能萌生对学习的热爱。事实上，进入 SAPIX 小学部的学生也并非都有明确的目标，或者都想努力学习。

　　此外，无论是否适合小升初入学考试的备考学习，对于孩子而言，也是一种变革性的经历。即使孩子一开始喜欢学习，但随着时间的推移，可能也会对学习提不起兴趣。

　　如果家长发现孩子学习不积极或对学习不感兴趣，请与他们坦诚沟通。

　　此外，家长在家里看到的孩子的状态往往与他们在学校或辅导机构的状态截然不同，因此，家长还应与学校或辅导机构的教师沟通，了解孩子在外的表现。

　　和孩子讨论后，家长最终也可能会决定放弃。家长可能会觉得虽然周围的孩子都在全力备考但如果自己的孩子完全不在状态，成绩无论如何也提不上去，那不放弃就等于浪费时间和精力。

必要时敢于做出暂时弃考的决定也是家长的职责所在。

> **重点!**
>
> ▶ 没有尝试之前，无法判断孩子是否适合参加小升初入学考试。
>
> ▶ 家长要考虑孩子的实际情况，必要时做出弃考的决定也非常重要。

SAPIX 式 小升初时期的应对方法 3

孩子应集中全力应试吗

✕ 除复习备考外，尽量不参加其他活动

✓ 重视小学生独特的经历

多彩的校园生活会促进学生个性的发展

SAPIX 小学部建议学生在正常上学的基础上迎接考试。正常上学放学更容易形成一种生活节奏，而且对于小学生而言，在这一基础上再如何努力准备考试，校园生活都将为未来的生活打下基础。

到了小学六年级，有时家长会问，孩子每天复习很紧张，是否让孩子休学以集中精力参加考试，或者不应该让孩子参加学校组织的活动。

然而，孩子的成长是其综合素质的体现，不能只局限于计算速度加快或能够书写更多文字。

通过与同学一起体验不同的事物，孩子必然会在小学阶段获得成长。

例如，通过与朋友一起在移动教室度过三天两夜远离家长的时光，孩子会学到很多关于人际关系和个人生活管理的知识等。运动会也是一个朋友之间相互团结、展示努力成果的重要机会。

总之，请不要剥夺孩子的成长机会。

此外，校园活动也是孩子们用自己的方式缓解压力的机会。成年人也是一样，释放压力会带来新的力量，从而让自己变得更好。

我不建议家长如临大敌般地剥夺孩子除学习备考之外的其他时间。

好好珍惜小学阶段的生活，对培养孩子的个性非常重要。

重点！

▶ 享受校园生活的同时备考。

▶ 校园活动有助于促进孩子成长、缓解压力。

SAPIX 式　小升初**时期的应对方法 4**

家长应该辅导孩子学习吗

✕ **家长在家里要认真辅导孩子**

✓ 把教学交给专业人士，但也要重视孩子与伙伴友好竞争的机会

学校和集体辅导机构会鼓励孩子通过反复试错自行解决问题

　　在很多情况下，家长都认为自己必须花时间帮助孩子备战小升初考试。

　　然而，这并不一定正确。

　　虽然孩子提升学习成绩的确需要家长的关心和努力，但我认为家长没有必要亲自辅导孩子的功课。

　　因为，家长在对孩子进行一对一辅导时，有可能出现过度教学或超前教学的情况。从根本上说，教育孩子需要一定程度的"等待"，这样他们才能独立思考，但如果家长承担起了教学责任，一定做不到这一点。

　　学校或辅导机构并非通过一对一的方式进行教学，因此教师会鼓励学生自行尝试突破难点，引导他们通过试错来解决自己不理解的问题。孩子有时也会在倾听同学的发言后，恍然大悟道："原来如此！竟然还有这样的解题方法!"此外，在看到周围的孩子都在专心学习时，他们也会有强大的动力去做同样的事情。

从小学六年级下学期开始，备战升学考试的孩子们都会萌发出一个愿望——大家一起考上第一志愿的学校，而不仅仅是为了自己学习。

他们会像庆祝自己成功一样为同学的成功感到喜悦。如果只让孩子在家里学习的话，就无法达到这种效果。

更重要的是，一旦家长在家中指导孩子备战小升初入学考试，将有可能过多地干预孩子的学习生活。

孩子们才是小升初入学考试的参与者。家长不必也不应该事必躬亲。

在许多情况下，把孩子送进学校或辅导机构，由专业老师辅导学习更能收获好的结果。

重点！

▶ 亲子一对一教学可能没什么用。

▶ 重视孩子参与友好竞争和试错的机会。

SAPIX 式　　小升初时期的应对方法 5

有必要超前学习吗

✕　超前学习

✓　采用适合孩子成长的课程

盲目的超前学习可能会剥夺孩子试错的机会

有些家长认为要参加小升初入学考试就必须超前学习。然而，超前学习并不会有好的结果。因为孩子在超前学习时，其学习进度往往都很快，会跳过思考和试错的过程。我已经在前面的内容中介绍过，知识密集型学习并不适合当今的小升初入学考试。

我还说过"数学是一门积累型学科"（第 88 页）。孩子可以通过阶梯式、循序渐进的课程学习，以掌握必要的知识点。

例如，小学数学中会教授面积图和线段图。教师会教学生读题，将其形象化，并以小学生能理解的形式表达出来，之后引导他们找到答案。然而，从一个成年人的角度来看，同样的题目可以很容易地用中学数学中学习的联立方程来解答，相比之下，形象化的解题方法似乎非常繁琐。

事实上，用面积图和线段图解决的简单问题确实可以套用联立方程来解答。而且乍看起来，使用联立方程法解题的确更有效率。

但是，小升初入学考试的题目不能用方程求解。方程是一种基于定理的拟合法，它无法体现孩子揭示条件并进行直观理解的能力。因此，如果孩子无法使用可视化并且有助于展开想象的面积图和线段图来解题，就无法真正地学好数学。

孩子的成长分为多个阶段。每个科目的课程都会根据孩子的成长阶段来系统地呈现，学习就像爬楼梯，难度将逐渐加大。第一层、第二层和第三层不断向上叠加，而想一下就爬到第三层并不容易。所以，超前学习可能会让孩子错过一些重要的过程。

另外，超前学习的孩子一定会比其他孩子提前接触到一些新的知识，因此，有时难免会产生优越感。

然而，随着时间的推移，优势逐渐消失，孩子会变得急躁起来。他们很有可能会被追赶甚至超越，这会让他们感到不舒服，继而不喜欢学习。在学习的过程中，重要的是一步一步地掌握知识，而不是先于他人了解。

重点！

▶ 学习应该逐步增加难度，通过积累，提高对知识的理解水平。

小升初第一志愿没考上，要通过中考再次挑战吗

✕　　告诉孩子"通过中考或高考翻身"

✓　　观察孩子的状态，如果能够保持愉快，那就没有问题

一次考试失利并不决定一切

参加小升初入学考试的孩子基本上都有"后路"可退。

即使考试成绩不理想，也有其他入学方式，因此并不存在什么重大损失。小升初入学考试是一个机会，但不是"必选选项"。明智的家长应该放宽心，而不是投入太多。

我们在生活中经常可以听到，有的孩子小升初入学考试失利，进了一所自己不喜欢的学校。然而还被家长不断被告知是因为自己的学习方法的问题而失败，应该好好学习，争取考上大学。但这通常会让他们伤心欲绝，因此，我建议家长不要把全部精力都放在孩子身上。

即使因考试分数不佳而受到指责，孩子也已无力回天。

他们确实会因为第一志愿落空而感到沮丧，但许多孩子会因此在第二或第三志愿学校，度过了快乐的校园时光。

即使没被第一志愿录取，孩子也可以在轻松愉快的氛围中成长，得到教师的悉心指导，取得良好的学习成绩。正所谓"久居则安"，孩子会在半年或一年后庆幸自己进入了最终就读的这所学校，无论其是否是他们当初的首选。

有时，一些家长甚至没有意识到孩子喜欢现在就读的学校，而是只因为小升初入学考试失利，就建议孩子从初中一年级开始上补习班，并通过中考来实现所谓"翻身"。如此一来，考试似乎已经不再是"孩子的事情"，而逐渐成为"家长自己的事情"。

在说出那句"我这是为你好"之前，请各位家长停下来想一想自己究竟是为了自己还是为了孩子？

小升初入学考试不以成败论英雄。即使没有被第一志愿录取，但如果孩子进入了一所可以让他们度过美好时光的学校，那也是一种成功。

重点！

▶ 正所谓"久居则安"，即使不是首选，孩子也可以在学校里度过美好时光。只要孩子的校园生活足够充实、快乐，就不需要为了"翻身"而参加其他考试。

SAPIX 式　小升初时期的应对方法 7

孩子在小学时过度学习，以后将很难再获得成长吗

✕ 许多孩子在以后的生活中会变得态度消极、不求上进

✓ 考试和学习动机之间没有必然联系

不要把学习成绩当作唯一的衡量标准

　　一些家长会担心，努力参加小升初入学考试并进入心仪的中学后，孩子可能会感到倦怠，失去学习的欲望。但是，参加小升初入学考试与在初中阶段及之后的学习动机下降之间并没有直接的因果关系。

　　的确，在过去的考试中，有很多题目可以通过超前学习来解答，因此出现了应试学习的现象。换句话说，就是学生在考前恶补知识，考完后则斗志耗尽。

　　然而，如今，这种知识密集型的填鸭式学习已不足以应对小升初入学考试。如前文所述，近年来，小升初入学考试已不仅仅是考查知识的掌握程度，越来越多的试题都要求孩子对在日常生活中获得的知识进行组合与表达。

　　小升初入学考试会让孩子拥有不一样的经历，并从中发现问题，思考"为什么"非常重要。SAPIX 小学部也在教学中提出了越来越多的学生们感兴趣的问题。许多孩子似乎都学会了享受学习的快乐。

孩子之所以会在进入中学后不再学习，可能并不是因为之前全身心地投入小升初入学考试而耗尽了精力，而是因为他们的兴趣已经从学习转向了其他方面。

当然，具体情况有很多种可能，例如，喜欢上了音乐并开始投身于乐队活动，或爱上了漫画和动画并沉浸在与志同道合者的在线交流中等。

家长往往以是否学习作为衡量孩子好坏的标准，但学习不是孩子们的唯一出路。

这是一个很现实的问题，虽然完全可以理解家长的担心，但孩子也许还会有学习以外的特殊才能，并通过不断地成长与进步，以这份才能积极地活跃在今后的社会生活当中。面对小升初入学考试，重要的是，家长要用长远的眼光来看待孩子，而不是站在成年人的角度来评判他们。

重点！

▶ 孩子的能量不仅仅体现在学习上，守护孩子的兴趣爱好也非常重要。

结束语

感谢你的阅读。

我希望你能从这本书中找到自己想尝试或者可能会让孩子快乐的方法。

请从你感兴趣的众多方法中选择一个开始实践。在这期间，千万不要过于干涉孩子。当然，家长也可以一起体验其中的乐趣。

好奇心、兴趣和探索精神能让孩子具备不断学习的能力，是他们生存下去的原动力。因此，我在本书中反复强调了重视孩子的好奇心、兴趣和探索精神的重要性。

请允许我在此聊一聊对孩子们的"培养"。

"孩子一切安好"是每一位家长的心愿。但是，家长不可能为孩子铺设好将来要走的所有道路并加以维护。就像我们所经历的那样，短短几年内，社会就会发生巨大且不可预测的变化。

所以，无论发生什么，无论身处何种环境，不断学习新知识和对新事物产生兴趣的能力对于人类的发展至关重要。

我认为教育与环境息息相关。在育儿过程中，翻土、浇水和施肥，每一道工序都必不可少，但我们永远不知道它会开出什么样的花朵。家长需要做的是创造一个允许个性发展的环境，而不是试图掌控结果。

我知道放弃对结果的执着有多艰难。

放弃对结果的执着，关键是要信任孩子。

"这个孩子绝对没有问题。"

"无论在哪里，孩子都可以尽自己最大的努力做到最好。"

家长的信任，是孩子们的骄傲，也是支持他们生存与成长的关键。

家长和孩子共同体验本书中给出的建议可以加深亲子之间的信任。我相信对本书内容进行实践之后的你一定会收获这样的附带成果。

家长应该忠于自己的内心，从众多选择中独立选取自己的道路。我希望更多的孩子长大后都能成为所谓聪明孩子。基于这一美好愿景，我策划并撰写了本书。

感谢 SAPIX 的高宫敏郎、广野雅明、国定荣太、高野雅行、加藤宏章和森本洋一愿意接受我的访问。

我还要感谢 Discover21 的编辑小石亚季对本书手稿提供的大力支持。

最后，我希望这本书能让孩子们珍惜自己的乐趣并沿着自己独特的道路前进。愿越来越多的家长在看到这些充满活力的孩子时都能洋溢着笑容。

佐藤智